デフレーション現象への多角的接近

高崎経済大学産業研究所【編】

日本経済評論社

刊行にあたって

　高崎経済大学附属産業研究所は、1957（昭和 32）年の本学設立と同時に設置され、50 年を超える歴史を積み重ねてきた。研究所の目的とするところは、主に、産業・経済の分析・研究を通じて学問的に貢献し、併せて地域経済や地域産業・地域社会の振興・発展に寄与するところにある。また大学による地域貢献が唱えられるようになるよりも遙か以前より、本学の地域貢献を担う部門として、公開講座や講演会等の様々な事業が行われてきた。

　本研究所の看板事業といえる研究プロジェクト・チームが始まったのは、大学創立 20 周年事業としてであった。その後、常に複数のチームが存在し、毎年その成果報告書を刊行できる体制となって、今日に至っている。高崎市域・群馬県域を対象とした研究のみならず、多種多様なテーマが取り上げられてきた。詳しくは本研究所ウェブサイトに掲載されているので参照されたい。今回の報告書は『デフレーション現象への多角的接近』と題され刊行される運びとなった。

　失われた 20 年などといい、デフレーションから脱却しさえすれば全てが好転する、などと主張する声が大きいように思える。本当にそうなのだろうか。この複雑な現象を、一刀両断するような切り口だけでとらえるのは不十分であり、多面的・多角的にとらえ直す作業を通じて、小さき我々に何ができるのかを考える材料を提供する、地道な取り組みが今でも求められているように思われる。

　大学の地域貢献が叫ばれるようになって久しいが、研究を通じた貢献こそが研究所の本来の存在意義であり、社会からの要求であると考える。世の中が強大な力によって動かされてきたのは、いつの世も変わらぬ真実なのであろう。そして人は自らの利益のために動くというのも真実なのかもしれない。他方、部分最適の追求が全体最適につながらないことが多いというのもよく知られたことである。声なき声を丹念に拾い上げ、理論的思考を深め、広げ

ていくという取り組みが大学、なかでも地方公立大学（本学は公立大学法人化しているが）には求められているのだと信じたい。

　本書ができるにあたっては、数多くの資料や著書、貴重な時間を割いて取材や調査に快く応じていただいた方々に負うところが多い。感謝申し上げたい。また本プロジェクトの研究および事業に関わった本研究所員および諸先生には格別なる論文をご寄稿いただいた。近年は新規プロジェクトの応募が得られないことが増え、どうしたものかと相談した西野寿章教授との話が本プロジェクトのきっかけとなっている。本プロジェクトでは便宜上所長が率いるという形になっているが、矢野修一教授をはじめ諸先生のご協力なしには進められなかったというのが実情である。謝意を表したい。本プロジェクトの推進ならびに本書の発刊を支援していただいた、高崎市、大学当局および事務職員、さらに編集・公刊の労をとっていただいた日本経済評論社に対し、衷心より感謝の意を表しておきたい。

　2014年2月

高崎経済大学産業研究所所長　藤　本　哲

目　次

刊行にあたって　　　　　　　　　　　　　　　　　　　藤本　哲　iii

第1部　デフレーションの経済学と思想

第1章　貿易自由化と「輸入デフレ」――日本は「輸入デフレ」になり得るか――……………………………藤井孝宗　3
1　イントロダクション――日本の不況とデフレーション　3
2　輸入デフレ論――その主張と論拠　6
3　輸入デフレ論の検証　7
4　まとめ――デフレと自由貿易　15

第2章　デフレ下日本の経済構想――オルターナティブの素描――……………矢野修一　19
1　はじめに　19
2　格差と共生　20
3　新自由主義サイクルの罠　25
4　共生経済社会に向けて　32
5　おわりに　38

第3章　ウィリアム・モリスの「社会主義」………國分功一郎　49
1　はじめに　49
2　「社会主義者モリス」？　50
3　ゴシック建築を作った職人たちの労働　52
4　労働、商品、社会主義　56

5　教育　59
　6　結論に代えて——生産、販売、購入　63

第2部　デフレーションへの適応と展望

第4章　デフレ経済下の東急ハンズ
　　　　——出店戦略の転換と新業態の模索——………加藤健太　69
　1　課題　69
　2　多店舗展開の胎動　73
　3　店舗戦略の転換　85
　4　結語　97

第5章　地方都市における宿泊業のデフレ経済への対応
　　　　……………………………………………………西野寿章　101
　1　はじめに　101
　2　高崎市における宿泊施設の立地変化　102
　3　ビジネスホテルの新しい潮流の展開と地方都市立地　106
　4　ホテルアンケート結果　110
　5　デフレ経済下の地方都市におけるホテルの経営の現状　114

第6章　地方の路線バス運賃のデフレ基調とそれに伴う
　　　　諸問題………………………………………………大島登志彦　117
　1　はじめに　117
　2　都市市街地域の均一運賃導入によるバス運賃のデフレ傾向の
　　　発端　118
　3　遠距離利用に対する運賃の見直しと値下げ　121
　4　自治体の住民限定の運賃補助政策とデフレ感覚　123

5　市民限定での回数券購入助成や割引券の発売　125
  6　近年の広域地域における民営バス運賃値下げの事例と課題　127
  7　デマンドバスの問題　131
  8　おわりに　132

第7章　任せることの難しさ──官民協働の現場における
　　　　人々の取り組み──………………………藤本　哲　135
  1　はじめに　135
  2　任せることにかかわる先行研究　137
  3　権限委譲と熟練　143
  4　任せることの難しさ　145
  5　官民協働事業への注目　148
  6　価値観の共有と人材育成　154
  7　結び　157

第8章　デフレとエネルギー問題………………………山本芳弘　163
  1　はじめに　163
  2　エネルギー需給への影響　166
  3　原子力発電と地球温暖化　171
  4　デフレ脱却後のエネルギー需給対策　173
  5　再生可能エネルギーの利用　177
  6　エネルギー使用の効率化　181
  7　おわりに　185

あとがき　　　　　　　　　　　　　　　　　藤本　哲　187
執筆者紹介　190

第 1 部

デフレーションの経済学と思想

第1章

貿易自由化と「輸入デフレ」
――日本は「輸入デフレ」になり得るか――

藤井　孝宗

1　イントロダクション――日本の不況とデフレーション

　バブル崩壊後の日本の長期不況期において、特に1990年後半から2000年代にかけて"lost decade"といわれるほど不況が長引いた理由として、日本国内の物価低下、すなわちデフレーションが大きな問題として認識されている。このような問題意識は、デフレを払拭することが日本の長期不況を脱却する最大の処方箋である、という認識をうみ、内外の経済学者によりインフレ・ターゲティングを導入すべき、という議論につながっていく。クルーグマンは日本に限らずどこの国でも4%程度のインフレ目標を設定してもよいのではないか、と自身の論文の中で提案しているし[1]、他にも2%前後の物価上昇率を維持できるのであれば望ましい、とする学者は多い。これらの主張が政策に結びついたのが現在の安倍政権による「アベノミクス」と通称される2%インフレ目標と大幅な金融の量的緩和である[2]。

　実際にこの時期どの程度物価下落が進んだかを示したグラフが図1-1である。特に企業同士の取引における物価を示す企業物価指数において、1990年代後半から2000年代前半にかけての物価下落が著しいことがわかる。その後2000年代後半にかけて企業物価は上昇に転じるものの、サブプライムショックによる世界不況により物価水準は再び下落し、直近では横ばい状態となっている。また、最終消費財の物価を表す消費者物価指数についても、企業物価指数ほど極端ではないものの1990年代後半から2000年代にかけて

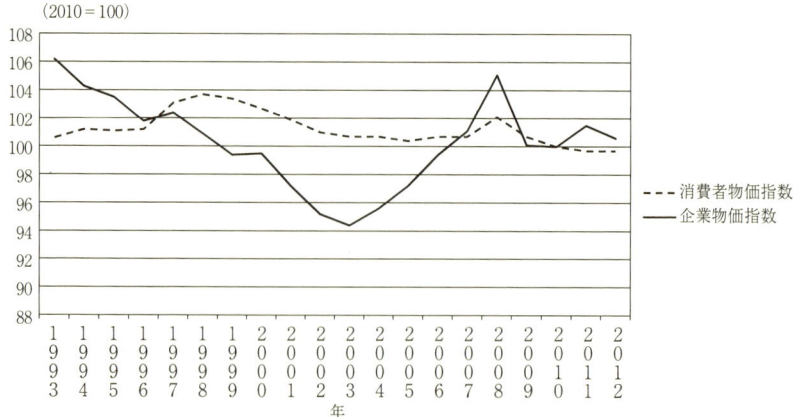

資料）総務庁統計局（2013）、日本銀行（2013）および同 HP より筆者作成。

図 1-1　消費者・企業物価指数の推移

物価は漸減しており、この傾向はデータの利用可能な直近年まで続いている[3]。

　このような極端なデフレが何故起こったのかをマクロ的経済面から、あるいは金融面から議論すること、またその対策としてインフレ・ターゲティングや量的緩和がどの程度効果があるか、を議論することについては筆者の専門外であり能力を超えるため、本章ではとりあえず実際に大幅なデフレーションがこの時期起こっていたことを確認するにとどめたい。本章では、このデフレの原因の1つとして一部の論者により指摘された「輸入デフレ」の問題、およびそれに関連した通商政策に関する議論に関する検討と考察を行うことを目的とする。

　デフレの問題が幅広く認識されるようになるに従い、一部の論者によりその原因が「輸入デフレ」であるとの主張が行われるようになった。このような主張は、物価が安定化しつつある現在においても、日本のTPP（Trans-Pacific Partnership）加盟交渉に絡めて根強く続いているように見える。

　「輸入デフレ」論者の主張の概略は以下の通りである。グローバル化の進

展と新興国、特に中国の台頭、および日本の貿易自由化により、日本の輸入財価格が低下し、それに影響を受けて国内財価格も下落した。結果として、日本国内で輸入財の価格低下を引き金としたデフレーションが起こり、国内政策では国際価格の変化には対応しづらいために長期化した、ということになる。このような考え方は、グローバル化の進展による国際競争の激化と中国、韓国など新興国で生産される安価な電気電子機器との競争に日本製造業が苦戦していることから多くの人々にもっともらしい仮説として認識されているように見える。また、貿易自由化に距離を置く論者の一部がこの「輸入デフレ」論を援用し、TPPへの日本の加盟に反対する論を展開するようになっている。TPPに加盟し日本がよりいっそうの貿易自由化を行えば、さらなる輸入財価格低下が引き起こされ、国内のデフレが深刻化するため、TPP加盟を避けるべきだ、というわけである。この輸入デフレ論はすべての論者に支持されているわけではなく、経済学者の多くは否定的であるし、この論を支持する論者であっても、日本のデフレが輸入デフレによって引き起こされたとは主張していないケースもある。しかし、直感的には理解しやすいこの種の議論が流布することにより、今後の日本の通商政策の方向性が制約されるようなことになると、グローバル化の進展に我が国が取り残される恐れもある。そのような状況を避けるためにも、もう一度輸入デフレ論を整理し、輸入財の価格下落によるデフレーションが本当に起こるのか、あるいは起こったのか、について検討しておくことには意味があると考える。

以下、本章の構成は以下の通りである。次節において輸入デフレ論がどのようなものか、について簡単にまとめ、第3節においてはそれに対する主に統計面、理論面からの一般的な反論についてまとめる。第4節で議論をまとめるとともに、より本質的な問題点がどこにあるかを検討し、日本の通商政策が今後どのような方向に進むべきかについて考察する。

2 輸入デフレ論——その主張と論拠

　輸入財価格の低下が国内価格に影響し、デフレーションをもたらす可能性について指摘している論者はどちらかというと経済学者以外に多い。経済理論に基づく考え方からは輸入デフレという現象は出てこないので、多くの経済学者はこの論に懐疑的なためである。

　日本において輸入デフレが起こったのではないか、とする議論には、たとえば榊原（2003）などがある。榊原（2003）では「構造デフレ」と定義し、中国などからの安価な製品の流入という「構造的要因」が日本のデフレの背景にあるため、金融政策のみでデフレを脱却するのは困難である、と主張している。浜（2010）も、多少異なるものの、ユニクロなどが中国で安く財を製造し国内で流通させることで価格破壊が起こり、国内でデフレが起こっていると主張する。これらの考え方は、安価な輸入財により直接に日本でデフレが引き起こされた、という考え方である。

　一方、現在輸入デフレの危険性を強く主張し続けている主要な論者は中野剛志、三橋貴明などであろう。両者は、たとえば中野（2011）、中野・三橋（2012）などにおいて、日本が現在内需不足にあることを指摘し、その状況の下安価な輸入財が流入すれば、内需不足がより深刻化し、国内財の価格も低下してしまう可能性がある、ということである。国内供給に比べて需要が不足していれば市場にだぶついた財の価格が下落するのは当然であり、日本のデフレーションの背景にはこのような問題があると彼らは指摘する。このような状況の下で日本がたとえばTPPのような輸入自由化を行い関税など貿易障壁を撤廃すれば、日本に流入する輸入材の価格はより安価になり、また量も増加することになり、ただでさえ不足している国内財への需要を奪うことになる。結果として国内財はさらに市場で供給過多、需要不足に陥ることになり、価格は下落しデフレが悪化することになるであろう、というのが議論の骨子である。彼らは安価な輸入財が直接日本国内のデフレーションを

引き起こす訳ではなく、内需不足の状態で輸入量が増えることにより内需が逼迫することでデフレが起きる可能性がある、としている点、および現在の日本のデフレの原因として輸入デフレを主張しているわけではなく、将来そういうことが起こる可能性がある、と主張している点で榊原らとは異なるものの、輸入財の価格下落（あるいは国際価格の下落）が国内のデフレを引き起こす要因となる、と考える点では一致している。

　実際にデータで見ても、たとえば中国からの輸入は名目値で1993年の約19億円から2013年には約126億円と6倍以上に急増しており[4]、この急増時期は日本のデフレの時期と一致する。またユニクロをはじめ様々な中国、東南アジア製品の低価格ぶりは普段の生活でもよく目にすることもあり、このような議論には一定の説得力があるように見える。また、中野らの貿易自由化による輸入急増が国内需要を圧迫し、国内財のデフレにつながるという議論については、単純に安い輸入財がデフレを招く、ということではないため、よりもっともらしく見えるかもしれない。そのため、このようにもっともらしい議論が本当に起こったのか、あるいは起こりうるのかをきちんと学術的に確認しておくことは重要である。次節では、これらの輸入デフレ論の主張について、おもに実際に日本で起こったのか、および今後起こる可能性があるのか、について、既存の研究をレビューしつつ理論的、統計的に検討していきたい。

3　輸入デフレ論の検証

（1）　輸入デフレは本当に日本で起こったのか

　前節でまとめたとおり、現在の輸入デフレ論者の主張には、大きく分けて2つのパターンがあるように見える。すなわち、1990年代後半からの日本のデフレが実際に輸入デフレによって引き起こされた、とする主張と、必ずしも実際に日本で輸入デフレが起こったとはいえないものの、今後輸入自由化などを行えば起こる可能性がある、とする主張である。本節ではまず前者に

ついて、つまり日本で実際に輸入デフレが起こったのかどうか、について検証してみたい。

　日本のデフレが輸入財に起因したものであったかを検討するためには、簡単には以下のことを確認すればいいであろう。まず、安価な輸入財が国内のデフレを引き起こした、という議論について確認するためには、実際この時期の日本の輸入財価格が下落していたのか、を確認するべきである。また、急激な輸入増加が国内の内需を圧迫した、という事実があるかどうかを確認するには、実際にデフレ期に急激な輸入増加が起こったのかどうかを確認しなければならない。

　まず、輸入財価格について検討する。1993年以降の輸入および輸出物価指数の推移をグラフにしたものが図1-2および図1-3である。図1-2は円ベースではかった物価指数、図1-3は契約通貨ベースではかった物価指数をそれぞれ示している。日本の貿易において円は実際の取引で使われる通貨ではないことが多く、為替レートの影響も含まれてしまうので、契約通貨ベースではかった図1-3により議論する方が望ましいと考えられるが、より直感的に理解できるかもしれない円ベースでの推移も同時に図1-2に示してある。

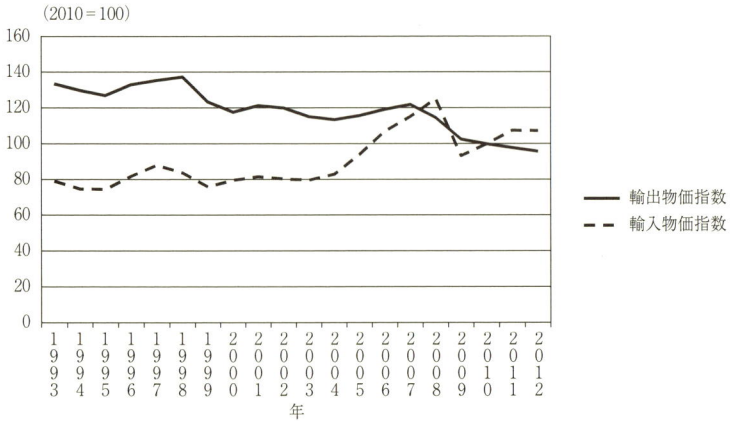

資料）日本銀行（2013）および同HPより筆者作成。

図1-2　輸出・輸入物価指数の推移（円ベース）

第1章　貿易自由化と「輸入デフレ」　9

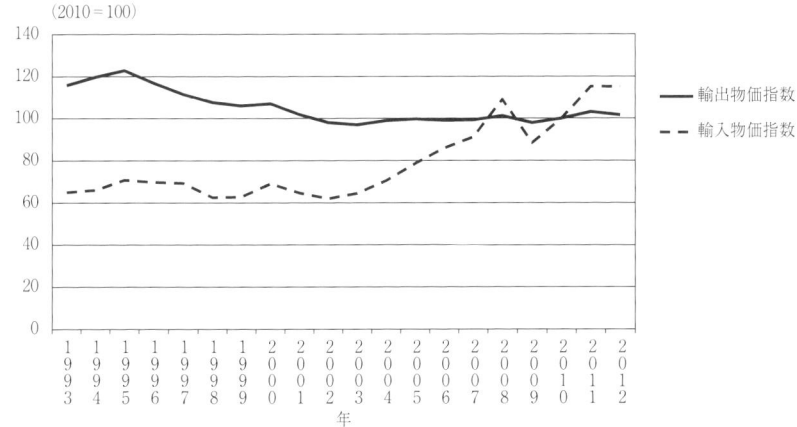

資料）日本銀行（2013）および同HPより筆者作成。

図1-3　輸出・輸入物価指数の推移（契約通貨ベース）

　一見してわかるとおり、日本の輸入全体に関して見る限り、デフレ期において輸入価格が下落している、という事実はない。円ベースで見ても契約通貨ベースで見ても、むしろ輸入価格は2000年以降上昇している。サブプライムショックによる世界不況により一瞬反落してはいるものの、その後また持ち直して上昇している。サブプライムショック後に円高傾向が強まった結果、円ベースで見ると契約通貨ベースよりもその後の輸入価格上昇度は小さいものの、どちらのグラフにおいても、日本のデフレ期において輸入価格はむしろ上昇していることは明らかである。もちろん、この数値は日本の総輸入の平均であるため、相手国や品目によっては異なる動きを示している可能性はあるが、全体として見れば、輸入財価格の下落が日本のデフレを誘発した、という意味での「輸入デフレ」は起きていない、ということになる。むしろ、この時期を通じて輸出価格が低下していることの方が問題であるかもしれない。

　次に、この時期の輸入額の推移について見ると、1993年から2013年にかけて、日本の総輸入額は名目値で約27兆円から約81兆円に増加している。これは約3倍程度の増加ということになり、もちろん増加していることには

間違いないが、既述のとおり同時期の輸入価格が上昇していることを考えると実質増加率は2倍強程度になり、考え方にもよるが即座に国内需要を圧迫するほどのものかどうかはよくわからない[5]。また、先に示したとおり中国からの輸入については6倍以上と急増しているため、一部の国から、あるいは一部品目の輸入がかなり偏って増加し、それが国内需給バランスに影響を与えていた可能性はあるかもしれない。

この点についてはデータを見ているだけでは検証が困難であるため、計量的な分析によるより厳密な検証が必要である。大西（2002）は、1990年代末のデフレ期において、どのような要因がデフレの原因になっていたかを、精緻な時系列分析のテクニックを用いて検証している。ここでは、Granger因果性テスト、インパルス反応関数分析などをもちいて、さまざまな要因が日本の物価変化に対してどの程度の影響を与えたかを分析している。結果としては、通常の回帰分析を用いた場合、中国からの輸入増加や価格変化は国内物価と有意な相関をもっていないことが明らかにされている。また、より精緻なGrangerテストおよびインパルス反応関数を用いた分析においては、一応中国からの輸入量変化と輸入価格変化は国内物価変化に対し影響を与えていることは確認されたものの、そのインパクトは、中国からの輸入量変化および輸入価格変化とも、その1％の変化によって国内物価は0.02～0.03％程度ときわめて小さいことが明らかにされた。

これらのデータや先行研究の成果から判断する限り、輸入増加、特に中国などからの安価な輸入財の増加が国内のデフレの重要な原因となっていた、というよく主張される仮説については事実と異なると判断していいのではないだろうか。少なくとも、日本において、輸入財価格の変化や輸入量の変化がデフレの直接の原因になっていた可能性は小さいのではないかと考えられる。

（2）　日本で輸入デフレが今後起こる可能性があるか

輸入デフレ論者には、輸入デフレがこれまでの日本のデフレの原因ではな

いものの、今後日本が貿易自由化を行い輸入を増やすと共に輸入財価格が低下することになれば輸入デフレが起こる可能性がある、と主張するものもいる。よって今節では日本のデフレの原因を調べるのではなく、より一般的に、そもそも輸入デフレという現象が起こるのか、あるいは日本で今後そのような現象が起こる可能性があるのか、について検討したい。

多くの経済学者が輸入デフレ論に与しないのは、理論的に考えればそのような現象はそもそも起こらないためである。この種の問題に関する理論的検討は古くは Friedman（1975）にまでさかのぼる。Friedman（1975）で議論の対象となっているのは輸入デフレではなく輸入インフレ論であるが、どちらでも議論の骨子は同じである。Friedman の問題意識はオイルショックにより原油価格が高騰していた当時、輸入財である原油価格高騰が国内物価に影響を与え、インフレをもたらすのではないか、という危惧にあった。

ここでの Friedman の議論の骨子は、供給側のショックである輸入財価格の変化は、輸入価格と国内価格、あるいは価格の変化した財の価格とそれ以外の財の価格の相対価格のみにしか影響しない、ということである。たとえばオイルショックのようにある輸入財の価格が急激に上昇したとする。すると、もし消費者の予算制約が変化しないとすれば（あるいは実質所得が不変であれば）、消費者はその財の消費に以前よりもより多くの予算を割かねばならないため、相対的にその他の財に対する需要を減少させることになる。すると、その他の財の価格は減少することになり、結局輸入財価格の上昇はその他の財価格の下落に相殺され、全体としての物価はほぼ変化しないことになる。そのため、市場による調整が完全に瞬時に行われる、という理論モデルの枠組みの中では、実物ショックは相対価格の変化のみに影響を与え、物価水準そのものには影響を与えることはない。

少なくない輸入デフレ論者が、この相対価格と実際の価格水準とを混同して考え、輸入財価格の変化という外的ショックが物価水準にも影響を与えるという主張をしている。そのため、多くの経済学者にとっては輸入デフレ論が説得力を持たないことになる。先ほどの Friedman の議論の逆を考えれば、

輸入財価格が低下したことにより消費者の予算制約に余裕ができるため、消費者はその分を他の財の消費に振り向ける。結果として輸入財価格の下落とその他の財の価格の上昇が同時に起きるため、全体としての物価水準は変化しないはずである。よって、理論的には輸入インフレも輸入デフレも起こりえないことになる。

　もし輸入価格下落がデフレを引き起こすためには、このような理論で想定されているメカニズムが何らかの理由で阻害されている状況でなければならない。渡辺他（2003）では、この点に注目して分析を行っている。一般的な経済理論においては既述のとおり市場メカニズムに基づいてさまざまなショックに対する調整は市場内で瞬時に完全に行われる。しかし、Ball and Mankiw（1995）などは、物価の下方硬直性などが指摘されるように、実際は価格にはある程度粘着性がある可能性があり、市場において短期間のうちに調整されないかもしれないと指摘している。このような場合、輸入価格の下落に対する消費者の反応に時間がかかり、輸入財価格の下落を相殺するはずの国内財価格上昇がすぐには起こらないかもしれない。すると、短期的には輸入価格の下落のみが物価水準に影響を与えるため、物価水準全体の下落、つまりデフレが発生する可能性がある。つまり、理論で想定されている市場内での完全かつ瞬時の調整は現実的ではなく、実際にはある程度時間がかかるのではないか、ということである。

　渡辺他（2003）はこの点を確認するため、品目別の物価上昇率分布のSkewness（歪度）をはかり、実際に外部からの価格ショックに対する反応が遅れるかどうかを検証している。もし、ある財の価格が上昇すると、物価上昇率の分布においてその財は右裾側に移動する。そのため、他の財の物価変化率が変わらなければ、その財の価格上昇によって全体の分布はやや右裾が長い（厚い）分布に変化することになる。つまりSkewness（歪度）が大きくなることになる。一方、Friedmanが想定するように、ある財の価格上昇が多財の価格下落によって調整されて完全に相殺されるならば、物価が上昇した財が物価上昇率分布の右裾側に移動すると同時に同じウェイトで他の

財が物価上昇率分布の左裾側に移動することになるため、右裾へ移動する量と左裾へ移動する量が相殺され、分布全体のKurtosis（尖度）は変化し尖度が小さく分厚い分布にはなるものの、Skewnessは変化しないことになる。

　渡辺他はこの方法論を用いて、さまざまな国、時代でのある財の供給ショックがその国の国内価格変化に影響を与えているかどうか、言い換えれば供給ショックに対し充分迅速に他の財の価格変化が反応しないケースがあるかどうかを検証している。その中の日本の1990年後半以降のデフレ局面に関する分析においては、一部の財のマイナスの供給ショック、つまり価格の低下により価格変化分布の左裾が分厚くなっている一方、それに反応して他財価格が上昇し、分布の右裾が厚くなっているという事実は確認できず、むしろ右裾が薄くなってしまっているという結果がもたらされている。つまり、一部の製品の価格下落に対しての調整が少なくとも短期的には起きておらず、結果として物価水準全体が下落してしまっているということになる。言い換えれば、外的な価格ショックが起きた場合、短期的にはFriedmanの想定するような価格の調整が十分には起きておらず、ある財の価格変化は相対価格のみにしか影響を与えない、という理論的仮説は短期的には正しくない、ということになる。渡辺他では、マイナスの供給ショックは単純に何らかの財の価格が低下した、ということであり、具体的にその供給ショックが何によりもたらされているのかには言及しておらず、それが輸入財価格の低下によりもたらされていると明示しているわけではない。しかし、この結果から、もし輸入財価格の低下というマイナスの供給ショックが実際に起これば、少なくとも短期的には日本国内でデフレ傾向が強まることになる、ということは示唆されていることになる。既述のとおり少なくともこの日本のデフレ局面において全体として見れば輸入価格が低下しているという事実はないため、この局面における渡辺他のいう「マイナスの外的ショック」が輸入価格の下落であり、この時期のデフレが輸入デフレであった、という可能性はそれほど高くないと筆者は考えるが、今後もし外的ショックにより輸入財価格が大きく下落するようなことがあれば、それを原因とするデフレが起きる可能性

があることもこの研究は示唆している。

　このような調整の失敗による国内物価全体のデフレが現実に起こるためには、それなりに大きなインパクトをもつ財での価格変化か、あるいはある程度多数の財での価格変化が同時に起きることが必要になるはずである。渡辺他の分析においては価格変化の品目別分布を見て全体の分布系の変化を見ているだけなので、その価格変化を起こした品目が実際の経済全体にどの程度の影響力をもっているか、というウェイトまで考慮した分析にはなっていない。その財が取引量が大きく経済全体に大きな影響をもたらす財であれば、分布の歪みは価格水準全体に大きな影響をもたらすことになるであろうが、取引量の少ない財であればその価格変化は分布の歪みはもたらしたとしても全体の物価水準はあまり変化しないかもしれない。よって、今後調整の失敗による輸入デフレが日本で起こる可能性があるか、を検討するには、このような大きなインパクトを我が国経済に与えるような価格変化が輸入財価格において発生するかどうか、を同時に検討する必要があるだろう。

　ここで再び中野他の主張に戻って考えると、彼らは日本のTPP加盟による関税撤廃が輸入財価格の低下と輸入量の増大をもたらす、と仮定している。もちろん貿易自由化をする以上貿易が促進されることが期待されるのは間違いないであろうし、渡辺他の分析によって示唆されるように多少とも輸入価格が下がれば全体としての物価変化率の分布は価格低下側、つまりデフレ側に歪む可能性は高い。しかし、それが実際どの程度実際のデフレに結びつくかは疑問である。すでに日本の関税率は平均で見る場合それなりに低いためである。2013年における日本の平均関税率（MFN Tariff）は4.6%にすぎず[6]、他の先進国と比較して充分低いかどうかという議論を抜きにすれば、それなりに低いレベルである。また、周知のとおり、日本において関税の高い品目は一部の農産品などに偏っており、貿易額の大部分を占める製造業品については大部分の品目がすでにMFN関税のレベルでゼロに近い関税率である。そのため、TPPにより関税が撤廃されたとしても、輸入価格はほとんど変化しないであろう。一方、一部の極めて高い関税率が課されている

農産品は多くの場合貿易額が小さく、その関税が撤廃されればその品目の輸入価格そのものは大きく下落するであろうが、貿易額自体が少ないのであれば全体の物価水準に与える影響は限定的なものにとどまる可能性が高い。このような理由から、たとえ渡辺他の指摘するようにある財のマイナスの価格変化が短期的にデフレをもたらす可能性があるとしても、中野他が主張するようにTPPへの日本の加盟がそのようなことをもたらす可能性は低いのではないだろうか。

4　まとめ——デフレと自由貿易

本章では、日本に1990年代後半から2000年代にかけてのデフレという歴史上でも特異な現象について、その原因が特に輸入財価格の変化によるものなのかどうかについてさまざまな観点から検討を行った。まずこの時期実際に輸入デフレが起きていたのかについては、そうとは考えづらい、という結論が得られた。この時期の輸入財価格は全体として見ればむしろ上昇しており、また先行研究などにより輸入デフレ論者が主張する中国からの輸入財価格の変化もほとんど国内価格に影響を与えていないことが判明したためである。言い換えれば、この時期のデフレは輸入財価格や輸入量の増大が原因ではなく、その他の要因が主な原因である可能性が高いことになる。齋藤(2014)は、既述のとおりこの時期輸入財価格は上昇している一方、輸出財価格が低下していることを重視し、この時期日本の交易条件が悪化しており、結果として日本の消費者の購買力が低下したことが国内のデフレにつながったのではないかとしている。これは一般的な輸入デフレ論とは全く逆の考え方であり、輸出財価格の低下、言い換えれば日本輸出産業の国際競争力の低下が日本の実質所得を低下させ、結果として需要の減退とデフレをもたらしたのではないか、という考え方である。もしそうだとすれば、日本のデフレは外的ショックが原因だったのではなく、日本経済自身に内在している問題が引き起こしたことになる。実際のところ、国内産業が国際競争力を失い製

品を安く輸出することしかできなくなれば、それらの産業からもたらされる収入は減ることになり、Friedman の理論的分析でいう予算制約自体が縮小してしまうことになる。もしそうなれば当然国内需要は減退するため、デフレ傾向に拍車がかかることになる可能性が高い。このような現象が実際に起きているのであれば状況はより深刻である。日本国内の産業構造そのものを改革するような手段をとらない限り、アベノミクスによる量的金融緩和やインフレ・ターゲティングは効果を発揮しない可能性がある。量的規制緩和やインフレのための金融政策は必然的に為替レートを円安方向にシフトさせるためである。一般的には円安になれば日本の輸出産業にとって有利になるため、円安を歓迎する議論の方が多いが、アベノミクス開始当初は輸出産業は好調だったものの、直近の 2014 年 1 月分の貿易収支速報では輸出は再び減少に転じ、貿易収支は 2 兆 7900 億円の赤字と過去最大を記録している[7]。齋藤（2014）が指摘するように、日本輸出産業の国際競争力が回復しないまま円安傾向に為替がシフトしたとすれば、輸出は一時的には円安の影響で増加するかもしれないがその成長は次第に頭打ちになり、一方で輸入価格が上昇するため国内産業に必要な石油その他の輸入中間投入財価格が上昇してコストが増加し、ますます国内所得が減少する危険性もある。

　このような危機的な状況を回避するために TPP による貿易自由化と貿易円滑化が実際のところどの程度効果があるかは未知数である。関税のみを見れば既述のとおり日本を含め先進国の多くはすでに MFN 関税のレベルでそれほど高いわけではないので、TPP による関税撤廃の影響がそれほど大きいとも思えない。しかし、一方で、TPP 加盟はこれまで関税によって守られてきた一部の非生産的な国内産業にとっては大きな影響をもたらすものになるかもしれないし、それによって国内の構造改革が進むかもしれない。また、輸出産業についても、より貿易円滑化が図られることにより競争圧力が高まり、結果として生産性や競争力を高める可能性もないとはいえない。前節で議論したとおり TPP による輸入デフレが我が国で起こる可能性は少ないと考えられるので、プラスの効果もどれだけ高いかは不透明ではあるに

せよ、積極的に TPP 加盟などによる対外開放と貿易円滑化をはかってみるべきではないだろうか。

注
1) たとえば Krugman（1998；2013）など。
2) 周知のとおり安倍政権のブレーンとして内閣官房参与に就任している浜田宏一もインフレ・ターゲティング論者の一人である。
3) 利用できる最新のデータは 2012 年のものであるため、アベノミクス後の物価変化は含まれていない。
4) データは財務省貿易統計より。http://www.customs.go.jp/toukei/info/。
5) ただしこの時期日本の GDP は名目値ではあまり変化していないため、輸入額の対 GDP 比は増加しており、影響がないとも言いづらい。
6) WTO (2013), *World Trade Profiles 2013*, World Trade Organization.
7) 財務省関税局（2014）「報道発表：平成 26 年 1 月分貿易統計（速報）の概要」、http://www.customs.go.jp/toukei/shinbun/trade-st/gaiyo2014_01.pdf。

参考文献
（英文文献）
Ball, Lawrence and N. Gregory Mankiw (1995) "Relative-price Changes as Aggregate Supply Shocks", *Quarterly Journal of Economics*, 110. 1, pp. 161-193.
Friedman, Milton (1975) "Perspectives on Inflation", *Newsweek*, June 24, vol. 73.
Krugman, Paul R. (1998) "It's Baaack: Japan's Slump and the Return of the Liquidity Trap", *Brookings Papers on Economic Activity*, 29.2, pp137-206.
Krugman, Paul R. (2013) "Four Percent Solution", *The New York Times*, May 14, 2013.
World Trade Organization (2013) *World Trade Profiles 2013*, World Trade Organization.

（和文文献）
大西茂樹（2002）「デフレーションの要因分析」『フィナンシャル・レビュー』2002 年 12 月号、68〜112 頁。
齋藤誠（2014）『日本経済を取り巻く国際環境について』、mimeograph, http://www.econ.hit-u.ac.jp/~makoto/essays/deflation_phenomena.pdf。
財務省関税局『財務省貿易統計』ホームページ、http://www.customs.go.jp/toukei/index.htm。
財務省関税局（2014）「報道発表：平成 26 年 1 月分貿易統計（速報）の概要」、http://www.customs.go.jp/toukei/shinbun/trade-st/gaiyo2014_01.pdf。
榊原英資（2003）『構造デフレの世紀』、中央公論新社。
総務省統計局（2013）『消費者物価指数年報平成 24 年版』、統計センター。
総務省統計局『消費者物価指数』ホームページ、http://www.stat.go.jp/data/cpi/index.htm。
中野剛志（2011）『TPP 亡国論』、集英社。

中野剛志・三橋貴明（2012）『売国奴に告ぐ！　今日本に迫る危機の正体』、徳間書店。
日本銀行『物価指数年報』ホームページ、http://www.boj.or.jp/statistics/pub/pim/index.htm。
日本銀行調査統計部（2013）『物価指数年報2013』日本銀行。
浜矩子（2010）『ユニクロ型デフレと国家破産』、文藝春秋。
渡辺努・細野薫・横手麻理子（2003）「供給ショックと短期の物価変動」、RIETI Discussion Paper 03-J-008。

第2章

デフレ下日本の経済構想
――オルターナティブの素描――

矢野　修一

1　はじめに

　東京外国為替市場における円の対ドル相場は、第二次安倍晋三内閣が成立した2012年12月26日の85円35銭から、1年後には104円76銭へと大きく円安に振れた。輸出を中心に企業業績の回復が見込まれたこともあり、同時期、日経平均株価の終値は1万230円36銭から1万6000円台をつけるに至った。

　2014年の年頭においては、こうした経済指標の「好転」を受け、長期間にわたったデフレ脱却の日が近づいているとする論調も出始めている。デフレを貨幣現象とみる金融緩和論者は、「金融緩和→円安→輸出増」「金融緩和→インフレ期待→消費増・財価格上昇」という理路でもって、デフレ脱却のシナリオを思い描く。そして直近の株価上昇と円安を根拠に、「異次元の金融緩和」の成果が実証されつつあると主張する。

　しかしながら、異次元緩和がもたらすものは、金融市場・為替市場におけるバブル期待と投機にすぎない（服部、2013a、272〜273頁）。後述するように、バブルが崩壊するたび繰り返されてきた弥縫策では「新自由主義サイクル」の罠からは逃れられず、「賃金デフレ」が克服されるどころか、より深刻化しかねない。

　「アベノミクスは、とにもかくにも変化をもたらしたのだから、それでよいではないか。他にどのような手があるのか」。政財界ではこうした考え方

が主流かもしれない。だが現在の日本において、本当にオルターナティブは構想できないのだろうか。

本章では主に佐野誠の遺作『99％のための経済学（教養編・理論編）』（佐野、2012；2013）に依拠し、また関連する様々な議論にも適宜触れながら、現状を分析するとともに中長期的視点でオルターナティブな経済・社会システムを「素描」してみたい。

以下で述べるとおり、主流派経済学者がいかに眉をひそめようと、「99％のための経済学」と銘打って佐野の提示した論点は、けっして奇異なものではない[1]。ラテンアメリカの構造主義経済学やケインジアン、ポストケインジアン、レギュラシオン学派の議論を発展的に継承するものであり、社会疫学や生物学の最新の成果にも呼応する重要な問題提起である。長期化するデフレは格差を拡大し富裕層に富と権力を集中させる新自由主義的施策の当然の帰結だとする佐野の議論は、現在の日本におけるオルターナティブ、すなわち「共生経済社会」を構想する現実的出発点となり得るであろう。

2　格差と共生

(1)　「1％ vs. 99％」の現実——「格差社会幻想論」を超えて

デヴィッド・ハーヴェイによれば、「新自由主義」とは「強力な私的所有権、自由市場、自由貿易を特徴とする制度的枠組みの範囲内で個々人の企業活動の自由とその能力とが無制約に発揮されることによって人類の富と福利が最も増大する、と主張する政治的経済的実践の理論」である（ハーヴェイ、2007、10頁）。冷戦終焉後、体制としての社会主義が崩壊すると、この新自由主義がますます社会科学を席巻するようになった。そして個人主義、自己責任論が横行し、社会の改良や変革を語ることなどは憚られるような空気が蔓延した。リーマン・ショック後も、大きく状況が変化したわけではない。「連帯」だの「共生社会」だのは、絵空事、戯言の類いとされ、社会科学、特に主流派経済学では、ウルトラ現実主義、「ユートピア殺し」と称すべき

イデオロギー状況が続いている[2]。

「社会などというものは存在しない。存在するのは個人だけだ」「競争原理は、すでにあり、避けることはできない。これに代わるものはない」。新自由主義の本質は、マーガレット・サッチャーが語ったとされる、こうした勇ましい言葉に体現されている（ジョージ、2011、30頁、76頁）。原子化された個人を単位とする新自由主義的「社会」科学では、競争に基づいて効率化を図る以外、「ほかに手はない（TINA：There is no alternative.）」ということになるし、競争の結果については自己責任原則が貫かれる。貧困や格差が蔓延しても、新自由主義経済学に侵食された「社会」科学では、そうした実態はみえにくくなり、たとえ目に映ったとしても、自己責任原則のもと、捨て置かれる。

こうして格差社会の現実への接近は、長らく中流幻想が支配的だったこともあり、現代日本において、なかなか一筋縄ではいかなくなる。

所得・資産の両面において日本の格差は国際的にみて大きく、また拡大傾向にある。アジア通貨危機後、厳しい経済状況が続くなか、橘木俊詔はこう指摘した（橘木、1998）。これを契機に労働経済学では「格差論争」がわき起こったが、大竹文雄の有力な反論によって終焉を迎え、格差拡大は「見せかけ」ないし「幻想」であるとの見方が一般的となった。すなわち、橘木の着目したジニ係数の上昇は高齢化・世帯規模の縮小を反映しているにすぎず、近年の日本社会において特に格差が拡大しているとは言えないと結論づけられたのである（大竹、2005）。

さらに学界内の論争結果は、国会での首相答弁、テレビその他での政治家、エコノミストのコメントなどを通じ、一般社会に拡散した（石水、2013、118〜124頁）。「格差社会幻想論」は、新古典派経済学の正統な流れをくみ、市場メカニズムの結果として生じた格差は受け入れざるを得ないとする。そして調整メカニズムが働かないことに起因する格差こそ、取り組まれるべき課題だというメッセージを世に広める機能を果たした（石水、2009、127〜128頁）。

この結果、日本では、「既得権」に守られた正社員・公務員の特権的待遇を問題視する風潮が高まり、国際的水準からすれば本来さらなる支援を必要とするはずの生活保護受給（可能）者までもが、一部の不正が明らかになると、偏見の目にさらされるようになった[3]。断片的な情報、歪んだ現実解釈を意図的にまき散らし、貧しい人たちや中間層の間に相互不信と怨嗟を作り上げ、結果的に富裕層・支配層の「既得権」を守ろうとするという意味で、まさに「分断統治」の典型であると言ってよいだろう（佐野、2012、86〜87頁）[4]。

　実際のところ、労働経済学における格差論争で明らかになったのは、ジニ係数の多くの部分が世帯構成の変化によって説明できるということだけであり、これをもって、日本社会における格差拡大が幻想・見せかけであるとまでは断定できない。人びとが肌身に感じる格差の拡大傾向は、ジニ係数という指標の問題に矮小化され幕引きされたが、非正規雇用者の増大、業績・成果主義的賃金制度導入に伴う賃金格差の拡大、子弟の教育を通じた階層の固定化等、格差拡大について考察を深めるべき切り口は様々にあり得る（石水、2009、122〜124頁；2013、123〜125頁）[5]。

　そもそも、現役時代の所得格差の累積結果として高齢者層に格差が生まれることを当然視するのは不適切である。また、高齢化と表裏一体の少子化現象の背景に、労働市場の規制緩和に伴う若年・青年層の非正規雇用の拡大等、深刻な生活不安があること、すなわち「少子階層化社会」の現実も見過ごせない（佐野、2012、66〜67頁；2013、36〜38頁）。

　「99％のための経済学」は、格差社会を「幻想」と言い放つのではなく、まずはその「現実」を見据えることから始まる。リーマン・ショック以後、アメリカでさえ、政治家・識者がけっして起こるはずがないと思っていたウォール街占拠運動が起き、格差問題への関心が高まっている（ゲルダー他、2012、11頁）[6]。佐野誠は、「1％ vs. 99％」と称すべき社会的分断がデフレ下の日本でも進みつつあるという認識のもと、その原因と問題点を指摘するとともに、状況の打開策を模索しようとした。その足がかりとなったのが、

次節以降述べるように、他の学問分野からの鋭い社会分析であり、また主流派とは異なる経済学の多様な蓄積であった。

公務員・正社員いじめ、組合叩きなど、富裕層の見え透いた分断統治に引っかかるのは、1％側の巧妙な政治手法とともに、99％側の社会を見る目があまりにも未熟であるということも示している（佐野、2012、55頁）。後述のように、日本の富裕層は、労働市場の規制緩和や賃上げ抑制でも直接・間接に利益を得ていたが、1980年代以降の度重なる所得税・相続税減税や分離課税、証券優遇税制で可処分所得を労せずして拡大した[7]。「これは彼ら個々人の能力によって正当化できるものではなく、単に政治力をうまく使いこなしたことによる利得」、まさに「レント」にすぎない（佐野、2012、83頁、133頁）[8]。99％の人びとは「頑張った人が報われる社会」などという強者のレトリックに騙されることなく、格差社会の現実とその「からくり」を認識しなければならない[9]。病と闘いながらも「99％のための経済学」をまとめた佐野は、本当の敵を見定め、社会をよりよき方向に導くための「知的武装」の必要性を99％側に求めたのである。

(2)「共生」への視点──「居直り論」を超えて

「格差社会幻想論」の孕む問題の一端は上述のとおりだが、極端な論者は、格差の現実に対して「居直り論」を展開する。すなわち「格差など人びとの能力と好みの違いを反映しているにすぎない」「格差は社会に活力がある証拠である」と主張して、格差拡大の現実を放置、あるいは格差を称揚しさえする。

しかしながら社会疫学者リチャード・ウィルキンソンによれば、格差そのものが社会的害悪である。社会疫学では、長年、貧困と、精神疾患・犯罪・幼児死亡率といった社会的病理との関連が研究されてきたが、ウィルキンソンが調査に基づき導き出した結論に従えば、貧困そのものよりも、格差こそが問題であった。すなわち、格差が大きい社会で優越感、劣等感を気にかけながら生きることは、底辺の貧困層はもちろんのこと、頂点にいるはずの富

裕層を含め、ストレスを高めて誰にとっても悪影響を及ぼす。格差の大きいこと自体が、活力ある証拠どころか、社会全体にとって望ましくないということになるのである（ウィルキンソン、2009；ウィルキンソン他、2010）。

　主流派に対するオルターナティブとしての「99％のための経済学」では、格差社会幻想論とともに、こうした「居直り論」も乗り越えねばならない。そして、その先に展望・構想するのが「共生」であるが、主流派経済学においては、共生の合理性や現実性もなかなか認知されない。それどころか、より積極的に軽視・敵視・蔑視の対象となってきた（佐野、2012、29～30頁）[10]。現代の日本においては、新古典派経済学の初級テキストにみられる「利己主義＝競争＝善」という観念が公務員試験や大学における経済学の必修授業を通じて学生に繰り返し「刷り込まれる」。利己主義に基づく競争は人間社会の発展にとって不可避であるばかりか、最善であるとの観念が蔓延することとなるのである（佐野、2012、25頁、30頁）[11]。

　主流派のこうした観念は「競争による進化・淘汰」という生物学のアナロジーとして語られることが多い。「ダーウィン主義的な新自由主義世界においては、適者だけが生存すべきであり現に生存しているのだ、という議論になる」（ハーヴェイ、2007、220頁）。

　ここで佐野は、ダーウィン主義的観念の妥当性が、リン・マーギュリスの「連続細胞内共生説」以来、当の進化生物学の世界において大きなチャレンジを受けていることに注目する。生存競争の側面のみ注目されてきた生命体の進化の過程において共生の果たす役割を重視する生物学の議論は、人間社会の分析にも示唆するところが大きいのではないか。佐野はもちろん、生物学の成果をそのまま社会経済分析に適用できるなどという乱暴な議論は展開しないが、まずはマーギュリス説から「停戦協定としての共生」という概念を引き出し、「99％のための経済学」すなわち「共生経済学」のヒントのひとつと捉えた（佐野、2012、13頁、24～27頁）。経済社会の動き・仕組みについては、先進国の高度成長期における労使の妥協、蓄積構造等、「競争による進化・淘汰」ではなく「停戦協定としての共生」という考え方で説明で

きるものもあるとしている。

しかしながら、共生経済学の創発を試みる佐野がより積極的に主張するのは、争う者同士の停戦協定にとどまらない、もっと「自覚的で純粋な協力関係」に基づく経済活動、共生セクターが現代においては幅広く見いだせること、そして、こうした意味での共生が、デフレを含め、閉塞感漂う 3.11 後の状況を打破するうえでのオルターナティブになり得るということである。さらには、純粋な協力関係としての共生は、長期的にみると、99％の人にとどまらず、1％の側にも恩恵があるとも指摘する（佐野、2012、28〜30 頁、40 頁）[12]。

つまり佐野は、協力としての共生の「現実性」を確認するとともに、その「合理性」を訴えようとしている。そのうえで、共生の発展を阻む要因を明らかにし、構造的障害を乗り越える術を模索している。メガネが違えば、問題の所在や見え方、そしてその克服の方向性も異なってくる。佐野は、（いまだ萌芽状態にある）「共生経済学」というメガネでもって、現代の閉塞状況の根本的問題である「新自由主義サイクルの罠」をえぐり出すとともに、克服の方途（＝共生経済社会へのステップ）を模索すべきことを主張したのである。

3　新自由主義サイクルの罠

(1) 「理念型」としての「新自由主義サイクル」

上述のような問題意識のもと、「99％」が現在置かれている大状況を包括的に把握するために、ひとつの「理念型」として「新自由主義サイクル」という政治的な景気循環概念が提示される。

佐野は景気循環を時代や国を超えた普遍的メカニズムとは捉えない。各国・各時代の政策・制度は、対立する利害・思想の力関係、すなわち具体的な状況下における「政治力学」によって決定される。こうして決まる政策・制度が財・労働・貨幣・資本市場における「需給要因間の因果関係」に影響

を与えて、景気循環のあり方が左右される。したがって、この「政治的景気循環」の発生時期・形態・強度などは国ごとに異なる。また、循環の強度は対外的ショックを通じて、正負それぞれの方向で増幅されることもある。これが彼の基本認識である。

そのうえで、1970年代以後の時代に固有の、各国の景気循環に共通する性格を見いだし、「新自由主義サイクル」という概念を抽出した。後述のように、自らが長らく研究フィールドとした南米アルゼンチンの政治・経済・社会の分析から発想を得た、あくまでも試論的なものだが、これによって、経済、金融を不安定化し格差を拡大させる景気循環の基本的性格を明らかにするとともに、各国・各時代の比較研究に道筋を付けようとした。デフレにあえぐ現代日本を分析する際、導きの糸としたのも、新自由主義サイクルという政治的景気循環概念である[13]。

新自由主義サイクルの主要な3要素は、次のとおりである（佐野、2012、16～17頁；2013、18～21頁）。

Ⅰ　企業（特に大企業）経営者や資産家にとっての経済的自由を広げるような政策・制度転換（いわゆる構造改革）
Ⅱ　自由化・規制緩和に伴う経済の実物的・金融的不安定化ならびに所得格差の拡大
Ⅲ　不安定化・所得格差の拡大を引き起こした政策・制度は温存したまま、問題を応急的に補整するだけの政策対応（場当たり的な景気対策等の弥縫策）

危機と不安定の度を螺旋状に深めつつ「Ⅰ(自由化)→Ⅱ(不安定化)→Ⅲ(補整)→Ⅰ→…」の繰り返される事態が、現代に固有の景気循環として新自由主義サイクルと名づけられている。

様々な論者が指摘するとおり、第二次世界大戦後の国際経済体制は1970年代以後、大きく変質した。先進資本主義諸国の戦後高度成長を導いた「埋

め込まれた自由主義」に代わり、新自由主義が各国の政策決定の中心に据え置かれた[14]。そして主要先進国の為替制度が固定相場制から変動相場制に移行し、金融・資本取引規制が緩和されて以来、世界の国々は再三再四、新自由主義サイクルのもたらす災禍に見舞われてきた。

　ただここで留意しておきたいのは、戦後世界における新自由主義的政策実施の起源、そして中心諸国の政策立案モデルを、周辺諸国で遂行された「野蛮な実験」にみいだす論者が少なくないということである（ハーヴェイ、2007、20頁）。長年ラテンアメリカを研究し在留経験が豊富な佐野も、新自由主義サイクルのプロトタイプを極端な経済自由化が繰り返された南米、特にアルゼンチンにみいだした[15]。新自由主義サイクルが典型的な形で現れるアルゼンチンとの比較分析を通じ、日本の長期停滞の原因と動態、さらには打開策を明らかにするというのが近年の彼の主要な研究テーマであった[16]。

(2)　1980年代半ば以降の日本の経済循環―固有の新自由主義サイクル

　佐野によれば、経済の不安定化、格差の拡大を伴いつつ、デフレが長期化する日本の実相は、新自由主義サイクルの罠という視点によって、より明らかになる。過去30年近くにわたり日本が陥った固有の新自由主義サイクルを概観すれば、以下のようにまとめられる（佐野、2012、17～23頁；2013、16～17頁）[17]。

《自由化への制度・政策転換》

　日本の新自由主義サイクルは1980年代半ば以降の一連の自由化・規制緩和により、姿を現した。中曽根政権下、金融自由化が本格的に進められる一方、「小さな政府」実現に向けたその他諸施策（国有地払い下げ、土地利用規制緩和、大規模民営化、富裕層・法人税減税など）が実施された（これらが円高不況対策としての政策金利大幅引き下げとあいまって資産価格の高騰を招く）。以後、国内外両面の複雑な政治力学のもと、新自由主義的な政策・制度転換（柔軟な労務管理や株主重視の企業経営なども含

む）が本格的かつ断続的に進められた。

《不安定化》

バブル経済以降、実質 GDP の変動係数が従来よりも高まり、経済の不安定性が相対的に高まったことが確認できる。

金融面での不安定局面としては、資産バブルとその崩壊、バブル経済期の過剰投資金融、1997～98 年以降の全般的な信用収縮とそれによる中小企業の破綻、および 2008～09 年の信用収縮が挙げられる。実物面では、労働市場の規制緩和、労務管理レベルの雇用の柔軟化などに伴い、製造業における賃金と雇用の産出量弾力性が上昇し、消費・投資の浮き沈みが経済の循環変動を強めた。

実物・金融両面で経済が不安定化するなか、格差が拡大したのは前節で述べたとおりである。富裕層と中間層・貧困層、利潤所得者と一般給与所得者の格差が拡大すると、消費性向のより高い層の可処分所得が減り、社会全体の消費が減退して投資も伸びなくなる。この間、失業率の上昇、平均賃金の持続的低下、中小企業の破綻、相対的貧困率の上昇、生活保護給付件数の増加、無貯蓄世帯の絶対的・相対的増加、自殺率の急上昇、自殺者数の高止まりという状況がもたらされた。共生を困難にするこうした状況がさらに不安定性を増幅した。

《補整策》

これを補整する政策は利害関係や特定の経済思想に制約されて効果が限られ、問題を引き起こした政策・制度に切り込むものではなかったため、自由化と不安定化が繰り返された。

たとえば、バブル崩壊後の政策金利の引き下げは、投資・消費喚起のための景気対策であると同時に、多額の不良債権を抱えた金融機関救済に向けた預金者からの所得再分配という一面を持った。1997～98 年不況の際は、構造改革を一時棚上げしたうえ、積極財政への転換、破綻金融機関への公的資金注入や一時国有化、中小企業への貸し渋り対策等を実施する一方、富裕層減税の追加実施が行われるなど、補整には政治的偏りがみられ

た。以後2008年に至るまで財政出動による景気対策は後退し、主な補整手段はゼロ金利・量的緩和という金融政策となったが、上述のように、経済が不安定なままでは国内の資金需要は伸びず、デフレ脱却には至らない。

《対外的要因による増幅》

日本の新自由主義サイクルは対外的要因により、振幅を増した。たとえば、1997年の財政構造改革による景気後退はアジア通貨金融危機によって拍車がかかり、株価の低迷、金融不安を招いた。これに対する「補整」のプロセスは、アメリカの新自由主義サイクルとしてのITバブルに助けられ、2000年には輸出・投資主導の景気回復がみられたが、バブルが崩壊すると、国内の不良債権最終処理が強力に進められた時期と重なったこともあり、日本を再びデフレ不況に追い込んだ。

ゼロ金利・量的緩和はデフレ解消には役立たなくても円安を誘発し、また自由化に伴って賃金費用が低下していたこともあり、21世紀初頭の日本では、住宅ブームに沸くアメリカ向けをはじめ、輸出主導の成長がみられた。これは「戦後最長の好景気」を生み出したが、成果は賃金増という形で労働者に還元されることはなく、世界金融危機に伴って輸出が減少すると、「いざなみ景気」は一般国民にとって「実感なき」まま終焉してしまった。

日本固有の新自由主義サイクルの概略をこのようにまとめたのち、佐野は法人企業が蓄積した資本ストック（有形固定資産）の名目額、利潤分配率、設備投資効率（産出・資本比率）、利潤率（利潤分配率×設備投資効率）について1970年代初めから約40年間の長期的実績を提示し、次のような結論を引き出した。

第1に、資本主義の発展において基本的動因である資本蓄積は、新自由主義サイクルのもと、停滞した。1980年代半ばの新自由主義サイクル開始後、90年代半ば過ぎまでは資本蓄積が進んだが、その後2000年代半ばにかけて減少に転じて以降、横ばいが続き、近年の資本ストックはバブル崩壊後の

90年代半ばの水準に後戻りしている。第2に、これに対応して利潤率も、バブル期と2000年代などのわずかな反転を除くと長期低落傾向にある。第3に、利潤率の長期低落傾向の原因は設備投資効率の低下にあり、これは需要不足による。

　すなわち日本固有の新自由主義サイクルは、経済を実物・金融両面で不安定化し、共生を困難にしたのみならず、利潤率と資本蓄積が低迷した結果、お約束の経済成長すら果たせなかった。これが新自由主義サイクルという試論的概念に基づいて佐野が行った日本経済分析の中間的総括である（佐野、2013、53～58頁）[18]。

(3) 新自由主義型賃金抑圧経済の帰結

　新自由主義サイクルという政治的景気循環概念をそのまま受け入れるかどうかはともかく、これまでの議論の骨子、すなわち新自由主義的な制度・政策転換が労働分配率や賃金の低下、貧富の格差拡大、バブルの形成・崩壊を招く一方、約束されたはずの経済成長が果たされていないという認識は、現在、様々な論者によって共有されている。

　新自由主義レジームが作り出したものは、アメリカでも日本でも、バブルによる需要の創出、大衆の貧困、格差拡大であり、服部茂幸はこれを「新自由主義型賃金抑圧経済」と呼んだ。新自由主義は、支出性向の低いスーパーリッチに富と所得を集中するのに成功しただけのことであり、経済を成長させるどころか、需要不足と不安定化により、かえって経済停滞を深刻化させた。

　一般的には、悪しきケインズ主義の招いた1970年代のスタグフレーションを解決し、アメリカを経済成長に導いたのが新自由主義だと思われがちだが、服部が指摘するとおり、それは事実誤認である。男子フルタイム労働者の中位実質賃金が過去40年間にわたり停滞しているように、労働生産性が向上するなか、普通の人びとの暮らし向きは良くなっていない。また、負債に支えられたバブルに沸き「経済成長」が喧伝された2002年から2007年で

さえ、1人あたり経済成長率は、長期のデフレに喘ぐ日本と大差はない。新自由主義のもたらしたものは富の新たな生産ではなく、富裕層への富と権力の集中にすぎない（服部、2013b、42〜50頁、55〜59頁）。

石水喜夫も、日本経済について同様の見解を提示している。所得格差の拡大、労働分配率の低下のなか、企業側への分配が拡大すれば、社会全体でみた有効需要は減退する。そして企業セクターの過剰貯蓄を政府部門の支出増で補うことによって歪な経済循環がもたらされる。有効需要が不足するデフレ不況下において企業セクターに過剰な資金が残れば、投資に回らず金融資産として保有されるだけである。これが実体経済に裏付けのない運用利回りを求める要因となり、バブルを生み出すことになる（石水、2013、206〜207頁、213頁）。

ILO『世界賃金報告2012/2013——賃金と公正な成長』でも明らかにされたように、日本、アメリカ、ドイツをはじめ先進諸国では労働分配率が過去40年間下落傾向にあり、労働生産性の向上に実質賃金が追いついていない。特に日本の落ち込みが顕著である[19]。田淵太一の指摘どおり、内閣府「国民経済計算」の各年データから日本の賃金・俸給総額の推移をみると、1997年の約240兆円をピークとして急速に減少している。

以上のような見解を総合すれば、現在の日本は「賃金デフレ」に陥っているのであり、金融緩和はバブルを生み出せてもデフレ対策としては無効であったということになる。先進諸国のなかで日本が例外的にデフレなのは大胆な金融緩和が行われなかったからではなく、例外的に賃金が下がり続けてきたからである。デフレの真因とは、労働市場の規制緩和を含む構造改革による賃金・雇用の制度的破壊を背景として労働者階級の政治力・交渉力が削減され、労働生産性が上昇しているにもかかわらず、主要国のなかで例外的に持続的な賃金低下を強いられたことに尽きる（田淵、2012、33〜37頁）。

富や権力の集中、賃金の抑圧を「意図せざる副産物」とみるか、労働者の交渉力を削いで権力の回復を企図する富裕層の「一大政治プロジェクト」とみるかはともかく、それらは新自由主義的制度・政策転換から導かれる当然

の帰結である[20]。99％が直面する大状況を抜け出すには、補整政策ではなく、新自由主義サイクルの構造変革こそが目指されなければならない。佐野はこのように総括する（佐野、2013、59頁）。これを広く共通の認識とし、実現にこぎ着けるには、オルターナティブな経済・社会のビジョンと具体的なステップをより明確にできるかどうかが課題となる。

4　共生経済社会に向けて

(1)　賃金＝消費＝内需主導型成長

新自由主義サイクルがもたらした過去40年間の災禍を乗り越えるべく構造を転換し、共生経済社会に向けて歩もうとする時、第二次世界大戦後の先進国の経済・社会体制について、「停戦協定としての共生」という観点から一定の評価をしておく必要がある（佐野、2012、27～28頁；2013、85～86頁）。

周知のとおり、戦後体制では、大戦間期の反省から「国際的な開放性と実質的な国内政策の自立性を同時に追求することを可能にするような経済的レジーム」が目指された（ラギー、2009、60頁）。「市場派グローバリズム」が想定するような自由で開放的な国際経済秩序ができあがったのではなく、「多国間の自由化原則」と「各国内のケインズ主義的経済政策」の両立に関する国際合意、すなわち「埋め込まれた自由主義」の妥協に基づく体制であった（矢野、2012、81～82頁）[21]。そして経済成長という狭い基準で考えても、「埋め込まれた自由主義」の時代のほうが新自由主義の現在よりもパフォーマンスは良好だった[22]。労働組合や左翼政党が現実的な影響力を有する介入主義的福祉国家は、一定の社会的・倫理的な性格を持った経済を育成し（ハーヴェイ、2007、23頁）、貧困、失業、恐慌、金融危機といった古典的な資本主義の病の解決に向けて、完全とは言えないまでも、かなりの成果をあげた（服部、2013b、26頁）。「逆説的だが、資本家階級の権力そのものよりも、むしろ労働者階級の強力な社会民主主義運動の方が、資本主義を救い

出すことができるかもしれない」とコメントされる所以である（ハーヴェイ、2007、216頁）。

　確かに先進国の高度成長期は、東西冷戦下、軍産複合体が暗躍したベトナム戦争があったり、公害が人びとの健康をむしばんだり、女性の地位がいまだ低かったりと、ノスタルジックに理想化すべき時代ではない。しかしながら、新自由主義サイクルから脱却し、共生経済社会に向かおうとするならば、福祉国家体制下の労使協調路線、国内的にも国際的にも、一定の制限を受けた自由化が「停戦協定としての共生」の側面を持っていたことの確認は重要である。目指すべきオルターナティブがまったく未知のものではなく、過去にその萌芽をみいだせることが確認できれば、眼前の現実が最善でも必然でもないことを認識し、変革に向けた一歩を踏み出すことがより容易になるであろう。

　共生経済社会のイメージ、そこに向けた具体的ステップについては次項で述べることとし、ここでは佐野の議論にしたがい、新自由主義型賃金抑圧経済、TPPのような例外なき自由貿易の対極をなす「賃金＝消費＝内需主導型経済」の可能性と基本的な考え方を簡単にまとめておこう。賃金は単なるコストではなく、購買力であり、本来、企業にとっても単に低ければよいというものではない。

　最低賃金制度や労働組合の活動等、政府や社会による外部的な規制が労働市場に加わると実質賃金は下方硬直的となり、失業が生まれる。規制を緩和・除去すれば賃金は伸縮的となり失業は減る。新自由主義型賃金抑圧経済の理論的支柱をなす主流派労働経済学はこのように考える[23]。

　しかしながら、たとえば戦後日本の現実に照らし合わせると、労働組合の組織率と失業率はほぼ逆相関関係にあり、最低賃金制度の導入後も追加的な失業は生み出されなかったことが分かる。逆に、1980年代半ば以降、派遣労働の解禁等、労働市場の規制緩和が進むとともに、それ以前と比べ失業率は上昇した。また1998年以降、実質・名目とも平均賃金が低下ないし横ばい傾向（すなわち下方伸縮的）となったとき、失業率が上昇するとともに高

止まりしている。つまり、総じて主流派経済学の想定とは逆の事態が生じてきた（佐野、2008、74～78頁；2013、70～74頁）。

これは理論の前提となる仮定が現実的でないことに由来する。「これしかない」として提示される経済政策の根底にある理論の現実的根拠は薄弱であるが、佐野はここで、主流派労働経済学の4つの仮定を批判する（佐野、2008、78～79頁；2013、75～77頁）。

第1に、収穫逓減を前提とした右下がりの需要曲線の仮定である。生産能力が完全稼働していない現代経済において、収穫逓減を想定するのは非現実的である。

第2に、財市場、貨幣市場とは独立に、労働市場それ自体において雇用量が決定されるという仮定である。解雇規制の緩和によって雇用が増える（失業が減る）という主流派の見方は供給側に偏重し、労働需要の増減が財市場における有効需要の大小に左右されるという認識に欠ける。

第3に、右上がりの労働供給曲線の仮定である。少なくとも短期的には労働者が実質賃金を限界負効用に一致させるような最大化行動をとり得ないとすれば、労働需要曲線を右下がりとするか否かとは別に、労働供給曲線について、右上がり以外の形状（右下がり型、後方屈曲型、水平型等）を考えなくてはならない。

そして第4に、合理的な自己利益最大化行動をとる経済主体が「労働市場」で対等に労働サービスを取引するという考え方の非現実性である。複雑系経済学が明らかにしたような最適化行動の現実的困難、労使間の交渉力の非対称性への認識が主流派には欠如しがちである。

ケインジアン、ポストケインジアンなどにならい、こうした非現実的仮定を放棄すれば、現状において主流派ほどには標準化されていないとはいえ、それとは異なる経済的可能性、すなわち賃金＝消費＝内需主導型成長の存在を示唆しうる。

たとえば、「労働の限界生産性一定の生産関数」を想定することによって、企業が正の利潤を実現するためには、個別企業の利潤最大化行動によっては

確保し得ない、財への十分な有効需要の存在が必要であること、したがって雇用の問題は財市場とは無関係ではあり得ないことを論じうる。また労働需要曲線・供給曲線とも主流派とはまったく形状が異なる代替的労働市場論を展開し、実質賃金の（引き下げではなく）引き上げが失業減・雇用増に至る可能性が指摘できる。先進国の戦後高度成長において、労働市場に対する政府と労働組合の規制が果たした役割も同じ理路で説明できる。団結権・団体交渉権・争議権の確立や最低賃金制など、労働市場に対する政府の規制にも後押しされ、労使間の所得分配は安定し、生産性向上の成果が（現在とは異なり）労働者にも適切に還元されていたことによって、大量生産・大量消費の好循環、高度成長が実現した[24]。

いわゆるフォーディズム型体制は、高度成長に伴う労働分配率の上昇、石油危機、国際競争激化に伴う利潤圧縮等によって危機に陥り、上述のとおり、新自由主義サイクルの登場となった。以後、新自由主義型賃金抑圧経済のもと、内需を基盤とする成長回路は決定的に麻痺させられ、不安定な外需に依存した状況が続いている。だが、主流派経済学の前提にとらわれることなく、「賃金の引き上げ」「生産性の向上」「マークアップ率の引き下げ」の3要件を組み合わせることによって、開放経済下においても、消費増を通じ内需の回路を復権させることは可能というのが佐野の主張である[25]。

新自由主義サイクル打破に向け、賃金＝消費＝内需主導型成長に注目すれば、国家主権よりも多国籍企業の活動を優先し、例外なき関税撤廃、投資の自由化を目指そうとするTPPは当然ながら回避すべきものとなる。この点は、次項において共生経済社会へのステップに目を向けるなかで触れることとしよう[26]。

(2) 共生経済社会の具体的イメージ

ここまでの議論で、「新自由主義サイクル」の弊害と「賃金＝消費＝内需主導型成長」の可能性が明らかになり、「埋め込まれた自由主義」の時代の蓄積構造に、不完全ながらも「停戦協定としての共生」の要素をみいだせた

ところで、本章のまとめとして、「より自覚的で純粋な協力関係」、共生経済社会についての具体的イメージ・道筋を概観しておこう。

問題は単なる需要不足ではない。素朴なケインズ主義に基づき内容を問わない需要刺激策をとることは、世界経済の現状を考慮すれば危険きわまりない[27]。また1度きりの大革命や政変、政権交代で一挙に世の中が変わるわけではない。「99％のための経済学」を構想した佐野は、以下に掲げるように、「多様な回路」を通じた「継続的」「市民」革命によって「共生経済社会」への転換を促そうとしていた（佐野、2012、8頁、34〜46頁；2013、139〜159頁）。

第1に、市場セクターの主体たる営利企業と従業員による「停戦協定としての共生」の拡充、それを通じた賃金＝消費＝内需主導型成長の構築である。具体的には、非自発的な非正規雇用の正規化、正社員の労働時間短縮とワークシェアリング、障害者も含め最低賃金の生計費連動型「生活保障賃金」への転換、産業別・職務別の同一労働・同一賃金の確立、（逆）所得政策による平均賃金引き上げなどが必要となる[28]。

第2に、協同組合、協同労働組織、特定非営利活動団体、社会的企業等を主体とする共生セクターにおける「自覚的協力としての共生」の進展である。市場セクターに比べれば少数派とはいえ、共生経済社会では多様な組織形態の経済活動が重要となる。相互扶助、参加・協同・連帯・自立を理念とする事業体の活動は、日本においても、今や共同購入、協同生産、協同金融、リサイクル、代替エネルギー開発、有機農業、育児・医療・介護に至るまで多岐にわたっており、共生経済社会を推進するためにもさらなる発展が望まれる[29]。食料（food）とエネルギー（energy）とケア（care）の地産地消戦略、すなわち内橋克人の言う「FEC自給圏構想」は具体的戦略のひとつとなるだろう[30]。

第3に、共生経済・FEC自給圏と賃金＝消費＝内需主導型成長とは、相互補完的に発展させることができる。賃金上昇を伴う内需主導型成長によって所得が増加すれば、現時点で割高感のある共生セクター部門の財・サービ

スへの需要も高まる。相互補完的好循環の過程で内需の「質」の向上も期待できる[31]。

　第4に、育児・保育、教育、雇用・職業訓練、住宅、医療・介護、年金などの諸制度の改革による社会保障制度の充実である。これにより内需主導型成長、FEC自給圏の発展にも貢献できる。社会保障というと、現在の日本ではすぐに消費増税となるが、共生経済社会推進の観点からすれば、財源は、新自由主義サイクルのなかで減税の恩恵を受けてきた富裕層・大企業への増税、累進所得税により、まずは賄われるべきである[32]。

　第5に、結果的・事後的に「成長」がもたらされるとしても、共生経済社会で目標とされるのは、成長至上主義・成長優先主義ではなく、内需主導の経済「循環」、持続可能なシステム（将来世代との共生）の確立である。眼前の格差、貧困がある以上、再分配を当面の目標にせざるを得ず、また経済成長率と「エネルギー生産性上昇率＋脱炭素率」との間に強い相関関係をみいだす研究もある以上、日本において「脱成長」は短期的政策目標にはなりにくい。しかしながら、新自由主義サイクルと相補的な「原子力発電サイクル」を脱却することなしに共生経済社会に向かうことができないのは確かである[33]。現世代の開発のつけを何万年もの間、放射性廃棄物の形で将来世代に押しつけるような電源に依存する経済システムは「世代間公平」を実現できておらず、定義上「持続可能」ではない。共生経済社会の構築に向け、脱原発は当然の前提となるし、それはドイツの決断にみられるように、きわめて現実的かつ合理的選択である（安全なエネルギー供給に関する倫理委員会、2013）[34]。

　第6に、内需中心の経済循環システムを、一国内だけでなく世界中で確立することを目指す国際合意の獲得、規制された公平な通商システムの構築である。主流派経済学では、比較優位に基づく自由貿易の利益が当然視されるが、上述の労働市場論と同様、非現実的前提に基づく理論には問題点が多い[35]。日本では新自由主義サイクルの延長線上にTPP締結が模索されているが、貿易自由化・投資自由化がもたらす「国益」の根拠は明確ではな

い[36]）。また2009年、アメリカの連邦下院で共和党議員が発案した「貿易改革（Trade Reform）・説明責任（Accountability）・開発（Development）・雇用（Employment）」法案（TRADE Act 2009）を民主党下院議員の過半数が超党派で支持したように、アメリカでもNAFTAやTPPに内包される貿易自由化、投資自由化に反対の声は多い[37]）。こうした事情とも関連するが、グローバル化と国家主権の関わりをめぐって近年では、現代版「埋め込まれた自由主義」を模索する論者もいる[38]）。

そして第7に、地球環境を保全し、他の生物との共生を図ることである。これは客体としての自然を人間が主体となって守るということではない。どれだけ経済、社会が発展しようと、人間が生態系の一部であることに変わりはない。その生態系は人間の経済活動のあり方如何で破壊の憂き目に遭い、結果的に人間の存在が脅かされることになる。現在では、進化生物学・数理生態学の研究者が「自由競争の利益率が生物資源の再生産率よりはるかに高いことが資源破壊の原因である」ことを定式化した「生物資源経済学」の古典的研究（コリン・クラーク）に注目しているが、共生経済学でもこの問題意識は引き継がねばならないというのが佐野の主張である[39]）。

上述のとおり、共生経済社会とは、空想・妄想の類いではなく現実的根拠を持ち、しかも合理的なシステムとなしうるものである。オルターナティブたる共生経済学の視点からは、新自由主義の合理性のほうが疑われることになるだろう。

5 おわりに

本章では、佐野誠の遺作となった2つの著作に依拠しながら、デフレ下日本で構想されるべきオルターナティブを検討してきた。自身が「共生経済学はまだ創発され始めたばかりで、これから骨格を作り、肉付けをしていくべきもの」と述べていたように（佐野、2012、12頁）、若干の「肉付け」をしたものの、ここでの議論も「素描」にとどまる。2013年11月6日の時点ま

で、彼ができうる限りの形で理論化し現実的根拠を求めつつ提示した内容を、より精緻化し具体化するための課題は私たちに残されている。

現状では、経済全体に占める「共生経済」の存在感はまだ薄い。「しかし」と佐野は言う。共生経済が「必ず失敗を運命づけられているとまで考えるのなら、それは国内外の現実をみない（知らない）暴論である」「問題は先を行く者の試行錯誤をあげつらうことではない」（佐野、2013、160頁）。社会科学に求められているのは、共生経済社会の構築に向け、日本や世界の各地で「99％の人びと」が真摯に取り組んでいる「プロジェクト・スモール・エックス」の意味と意義をきちんと理論づけることである。眼前の具体的課題の解決に前のめりになることが多く、理念が先行しがちなそれら活動を新自由主義とは違った形で評価するとともに、指針を提供することが必要となるであろう（矢野、2008）[40]。

今の日本のイデオロギー状況では、「経済テロリズム」だの「経済ジェノサイド」だのと口にすれば「何をバカなことを……」と蔑まれかねない（佐野、2013；中山、2013）。しかしながら、軍事政権下の南米に比肩しうる数の人びとが確かに「行方不明」になっていると佐野は言う。それは新自由主義サイクルのもとで追加的に生み出された自殺者であり、孤独死・孤立死の犠牲者、さらにはその膨大な予備軍、そして原発サイクルの受難者である（佐野、2013、164頁）。日本の社会科学では、これら行方不明者を「捜索」しないどころか、「科学」の名のもとに積極的に「隠蔽」する状況が生じているようにも思われる。

眼前の社会は必然的・不可避的なものではないし、ましてや最善ではあり得ない。にもかかわらず、「これしかない」「他に手はない」と人びとに思い込ませている「仕組み」をいかに打破するか。オルターナティブをいかにして生みだすか。佐野誠の終生の課題であった。

注
1) 佐野自身が紹介しているように、欧米では「99％のための経済学」という言葉が広く使わ

れている。たとえばアメリカの団体 Center for Popular Economics は、*Economics for the 99%* という小冊子において格差社会の歴史や現状、オルターナティブな経済システムのあり方について分析し、これを WEB 上で公開している（佐野、2012、3頁）。

2) 「ユートピア殺し」とは、冷戦後の外交状況を分析した遠藤（2009）による。保守派が声高に叫ぶ「現実主義」が単なる「既成事実主義」「ご都合主義」「権力迎合主義」にすぎない場合が多い点については、丸山（1964、172～177頁）および矢野（2011、9～11頁）を参照のこと。

3) アメリカでも「福祉給付を受けながらキャデラックを乗り回す」という真偽の定かでない認識に基づき「福祉の女王（welfare queen）」なる逸話が広められたように（ハーヴェイ、2007、78頁）、生活保護受給者に対する根拠なき偏見は日本に限られたことではない。

4) 丸山眞男を援用して、こうした事態を「引き下げデモクラシー」と呼んで問題視する論者もいる（宮本、2009、25～29頁）。さらには、「格差問題を甘く見て市場競争や業績・成果主義を喧伝し、働く人々の連帯を軽視するような社会風潮を助長し」たうえ「社会問題に取り組む人々の誠意や努力をくじいたという意味からも、新古典派経済学、構造改革論、格差社会幻想論は、大変罪深いものであった」と喝破する議論もある（石水、2013、126頁）。

5) 実際にこうした領域での研究が着々と積み上げられ、日本における格差の拡大と固定化への懸念が高まっている（阿部、2008；2011；橋本、2009；本田、2009；宮本、2009）。

6) 「貧困緩和」や「慈善活動」への関心は高くても、金持ちと貧乏人を同じ俎上に載せ、「格差」「経済的不平等」を分析することは、アメリカでは長らくタブーであった。上位1％どころか0.1％の超富裕層（プルトクラート）の実像に迫るとともに、彼らがいかにしてその地位を築き上げたかを詳細に論じたフリーランドは、その興味深い著作をこう書き出している（フリーランド、2013、7～9頁）。

7) この一方、日本では「無貯蓄世帯」が増加した。やや古いデータになるが、貯蓄のない世帯は70年代から80年代後半にかけて5％で推移していたものが、2005年には22.8％にまで増大した。自己破産も1995年に4万件だったものが2003年には24万件に達した（橘木、2006、19～20頁）。

8) アップルやスターバックス等、近年批判の的となっている大企業・富裕層の「租税回避」も、ここで言うレントの類いであろう。現行制度のもとでは違法な「脱税」、合法的な「節税」のどちらとも即座に判断し得ないグレーゾーンにあるが、タックス・ヘイブンを活用した租税回避の数々は、字義通りの「企業努力」とはまったく無縁の行為であるのは確かである。

タックス・ヘイブンについて詳しくは志賀（2013）を参照願いたいが、そこでも論じられているとおり、世界金融危機において果たした役割、額に汗して働く一般市民に与えた経済的被害という点からは、カリブ海の島もロンドン、ニューヨークといったオフショア金融センターも同じである。タックス・ヘイブン退治に乗り気であるとみせかけながら、舞台裏で自国の権益を守ろうとする先進経済大国の実態こそが明らかにされねばならない（志賀、2013、194～198頁）。OECDの租税委員会が2012年6月に開始した「税源浸食と利益移転への対応」プロジェクトの行方がまずは注目されるところである。

9) 「頑張った人が報われる社会」というのは、新自由主義者が好んで使うレトリックである。文字面だけとらえれば、反論しようのない真理にみえる。だが実際のところ、誰もが納得できるような「頑張った人」の具体的基準など作りようがない。したがって、「頑張ったから高い報酬を得ている」のではなく、「金を儲けている人たちを頑張った人と認定する」という「逆の論理」を展開するのが新自由主義者の常套手段である（上田、2005、73～74頁）。

弱者を「頑張らなかったからだ」として切り捨てるのも同じ論理である。貧困に窮する人がこれまでの自らの努力をどれほど訴えても、「現に失業し、貧困に陥っていることそのものが努力の足りなさを表している」と一蹴されてしまうのである（矢野、2011、7頁）。
10) 佐野はこの理由について、科学哲学における「観察の理論負荷性」という概念を援用しつつ、次のような仮説を述べている。すなわち、人は「学んだ理論で感じられることを感じる」のであり、経済学の学習などを通じ、「自己利益最大化」という新古典派流の強烈な人間像に触れた人は、観察に限らず、思考や感性においても自己利益最大化を肯定しがちになるのではないかというものである（佐野、2012、139頁）。
11) 佐野にとって、こうした「1％のための観念」を蔓延させる主流派経済学は現実の権力構造と密接不可分であり、だからこそ「99％のための経済学」を構想したのだが、田淵太一も同様の認識から新古典派経済学を批判する。

後述のように、田淵は主に国際経済学を念頭に置き批判したのであるが、彼によれば、新古典派経済学の学説は権力装置のコンテンツである。教育・研究・政策提言において、アメリカの有力大学を頂点とする階層構造が厳然と存在し、新古典派経済学の教育ヒエラルキーは本物の権力構造となかば一体化している。経済学を講ずる現場の教師は、より上位の権威者が決定する教育内容をいかにうまく伝えるかというテクニック（分かりやすいかどうか）だけが問われる存在となり、権力による情報伝達の一翼を担う。アメリカ流の経済学教育が行われる「教室」は、こうして上意下達のための権力装置として機能しがちとなる。だが教室とはまた、「批判的可能性」を潜在的にもつ場でもある（田淵、2006、4〜6頁）。非主流の研究者・教育者は、そのわずかな可能性を信じて「経済学」を研究し、また教育に携わっているというのが現状である。

こうした状況を考慮すれば、日本学術会議の経済学委員会分科会における「経済学分野の教育参照規準」の作成は、慎重の上にも慎重を期すべきであることは言うまでもない。
12) ここで佐野は、制度派経済学者のジョン・ワトキンスが類似の視点で議論を展開していること（John P. Watkins, "Towards a Reconsideration of Social Evolutions: Symbiosis and Its Implications for Economics", *Journal of Economic Issues*, Vol. 32., No. 1, March 1998.）、また数理生態学・進化生物学の吉村仁が、生物学・主流派経済学の両方で当たり前のように使われているゲーム理論の前提（自己利益の最大化）に疑問を呈し、「純粋な協力関係の実在性とその社会的意義」を強調していることを書き添えている。佐野の指摘のとおり、「共生する者こそが進化するという論理は人間の経済社会においても妥当する」「人間社会は環境の不確定性に備えるための協力から始まった」というのが吉村の重要なメッセージである（吉村、2009、211〜229頁）。
13) ちなみに、「新自由主義サイクル」という概念を佐野が初めて公の場で提起したのは、2003年6月、日本ラテンアメリカ学会全国大会のシンポジウム報告において、日本とアルゼンチンの現代経済史を比較検討したときである（佐野、2012、15頁）。
14) まさに多くの論者がこの局面を論じているが、「ヘゲモニーの変容」「『埋め込まれた自由主義』の盛衰」「経済の金融化」といった観点からの議論については、さしあたりハーヴェイ（2007、21〜51頁）、矢野（2012；2013）を参照せよ。「埋め込まれた自由主義」については、以下でも触れる。
15) ハーヴェイは、「国内外の資本に有利な蓄積条件を促進することを基本任務とする国家」すなわち「新自由主義国家」形成の最初の実験は、「もうひとつの9.11」（アメリカの支援を受

けたピノチェ将軍による1973年9月11日の反アジェンデ軍事クーデター）後のチリで行われたと述べている（ハーヴェイ、2007、19頁）。クライン（2011上・下）も同様の見解を提示している。

ハーヴェイ、クラインによる指摘のとおり、教条的な自由化政策の「先駆け」がチリというのは確かである。だが佐野は、自由化政策をより徹底し新自由主義の長期波動を生み出した点を重視して、アルゼンチンに新自由主義サイクルの原型・典型をみている（佐野、2013、21～22頁）。アルゼンチンの発展過程、国内外の政治力学等について詳しくは、佐野（1998；2009）を参照せよ。

16) 比較研究をする中での佐野の危惧は、日本、さらにはアジアの「ラテンアメリカ化」すなわち「高度の低開発化」にあった。

ラテンアメリカでは、大土地所有制、不公平税制、特権層の奢侈的消費、外資の過度の影響力、インフォーマル・セクター、脆弱な技術革新体制等、「本来の構造問題」が解決されないまま、新自由主義的構造改革が進み、新自由主義サイクルの罠に陥ってしまった。これと同じように日本でも、土地無策、含み益経営、不公平税制、緩い労働規制、低福祉、大企業と中小企業の二重構造、政官財癒着・利益誘導型政治体制など、「本来の構造問題」が残ったまま、強者に有利な自由化・規制緩和・供給重視の政策が実施され、かつての改革（＝停戦協定としての共生）の成果（諸資産と諸権利の再分配）さえ失われ、「退化」していくことが懸念されたのである（佐野、2009、41～44頁）。

17) 時期区分、各種統計データやその解釈、ラテンアメリカ構造主義、レギュラシオン学派、ポストケインズ主義ら様々な論者の議論のサーベイ等を含め、詳しくは佐野（2013、25～59頁）を参照のこと。

18) 1952年6月～10月の第1循環から、戦後最長のいざなみ景気を含む第14循環まで、日本の景気循環と雇用情勢の長期的推移を振り返りつつ、雇用問題、経済運営のあり方を論じた石水（2012、2～42頁）は、1980年代半ば以降の新自由主義サイクルに関する佐野の議論を補足する意味でも重要である。参照願いたい。ちなみに、佐野は第11循環（1986年11月を谷として91年2月の山、93年10月の谷となる）を起点として新自由主義サイクルが始まったという立場である（佐野、2013、23～24頁）。

19) ILO報告の概要は、労働政策研究・研修機構のHP内「海外労働情報」で確認できる。

20) 主流派は諸悪の根源をいまだ残る「岩盤規制」に求めるのだろうが、ハーヴェイは、富や権力の集中、賃金抑圧こそ新自由主義の根本的核心であり、労働者階級の力を削ぐべく当初から意図された政治プロジェクトとみる（ハーヴェイ、2007、29頁、111頁、164頁）。佐野も、ミハウ・カレツキの著名な論文「完全雇用の政治的側面」に言及しながら、雇用増大を伴う経済成長など労働者の交渉力を高めることになるので、日本の財界は、本当のところ景気回復を望んでいないのではないかとしている（佐野、2012、56～60頁）。

21) 「市場派グローバリズム」とは、「グローバリゼーション」を「市場の自由化とグローバルな統合」「不可避的かつ非可逆的」「誰も統括せず誰のせいでもない」「誰にとっても利益がある」「世界に民主主義を広める」と捉えるイデオロギーであるが（スティーガー、2010、119頁）、これらは現在、世界を席巻する新自由主義と大いに重なる。

22) 世界全体の成長率をみると、1960年代は3.5%程度、波乱の70年代でさえ2.4%を確保していた。それに対して、80年代は1.4%、90年代は1.1%に落ち込み、2000年以降はかろうじて1%に達する程度となっている（ハーヴェイ、2007、216頁）。

23) 新古典派総合、マネタリズム、合理的期待形成学派、ニューケインジアン等、主流の各派も論点によっては鋭く対立しているが、このあたりの認識は共通であり、初級テキストには共通の思考法が提示される（佐野、2008、71～74 頁；2013、68～70 頁）。
24) 紙幅の都合上、モデルの理論的説明、参考文献の提示等は省いたが、以上の議論について詳しくは佐野（2008、80～86 頁；2009、246～252 頁；2013、77～87 頁）を参照せよ。
25) これについても詳しい解説は、佐野（2008、86～90 頁；2013、86～94 頁）を参照せよ。
26) TPP をめぐる論点・テーマ等については、さしあたり、ケルシー（2011）、国立国会図書館（2012）、農文協（2010）を参照のこと。
27) 経常収支の不均衡が構造化している世界経済では、自由貿易と賃金削減の結果、需要の停滞が生じている。こうした状況下、貨幣権力を行使するアメリカが世界的規模での「ケインズ国家」として機能し、世界経済の需要調節が行われている。このとき、中身を問わず需要刺激策を闇雲に肯定していては、軍産複合体をさらに肥大化することになりかねず、新古典派以上に危険であるというのが田淵太一の主張である。詳しくは、田淵（2006、188～190 頁）を参照せよ。
28) 営利企業での働き方（働かせ方）がどのようになるかには、歴史的・制度的要因にも大きく左右されるコーポレート・ガバナンスのあり方が関わってくる。テーマや論点は数多いが、とりあえず、ドーア（2005；2006）などで、比較制度的視点を獲得する必要があるだろう。
29) フランスでは「社会的経済」「社会的企業」、ラテンアメリカでは「連帯経済」と呼ばれるものの存在感が増している。前者に関しては粕谷（2009）、後者に関してはハーシュマン（2008）、矢野（2008）を参照せよ。日本における相互扶助的金融の新機軸については、藤井（2007）で興味深い事例が取り上げられている。
30) 日本では、内橋克人が比較的早い時期から共生セクターにおける新たな経済の動きとその意義に注目してきたが、最近ではその延長線上で人間社会の直接的基礎となる食料、エネルギー、ケア（育児・保育、医療・介護のほか地域の社会資本としての人間関係）を分散的に地産地消する「FEC 自給圏」の形成を提唱している。日本における農業不要論、国策としての原発推進論、安易な労働開国（3K の労働条件を残したまま、外国人研修生・技能実習生制度、入国管理法改訂、経済連携協定などを利用して安価な労働力を調達する動き）への明確なアンチテーゼとなっている（内橋、1995；2003；2005；佐野、2012、37 頁）。

共生経済社会の構築に向け、内橋とまさに「共闘」してきたのが佐野である（内橋・佐野、2008）。
31) 現時点では、日本の共生セクターで取引される財・サービスは一般的に、社会的価値はみいだせても割高であり、「自覚的生産者」と「自覚的消費者」によって支えられているという一面は否定できない。上級財と位置づけられて需要が伸びないことが FEC 自給圏の持続可能性のネックになっているとすれば、所得再分配による中間層・貧困層の所得拡大がまずは重要となる。所得増に伴い上級財への需要が増せば、規模の経済が作用し、自覚的生産者の経営基盤も改善する。ラヴォアらポストケインジアンの消費者選択理論を援用しながら、佐野はこのように結論づけた（佐野、2013、153～159 頁；ラヴォア、2008、35～48 頁）。
32) 佐野はここで ILO 国際労働問題研究所『世界労働レポート 2011』を引き、日本では 3％ の富裕税で 4470 億ドルの税収増になると指摘している（佐野、2012、41 頁）。

消費税は逆進的性質をぬぐえず、だからこそ第二次安倍政権においてさえ、低所得者対策が「話題」になるが、非主流派に目を向ければ、消費増税の前に直接税改革で公平性を追求せよ

という論者も数多い。たとえば諸富徹は、現状の税率の累進構造を維持しても、所得控除（特に高所得者を優遇するような給与所得控除、土地建物等譲渡所得特別控除など）や（高所得者に帰着する金融所得や譲渡所得を労働所得から分離する）分離課税を見直し、課税ベースを広げれば所得再分配機能を回復できるとしている（諸富、2009）。もちろん先述のとおり、タックス・ヘイブン対策も重要となるだろう。

33)「原子力発電サイクル」も佐野の造語である。「利益複合体の存在」「非民主的な意志決定」「非現実的な仮定による理論の正当化」等、両サイクルの推進主体には共通点が多い。また潜在的な危険が周期的に顕在化すること、危険が現実となっても場当たり的な補整策でしのぎ、根本的な改革が行われない結果、危険が存続ないし深化するのも同じである。原発は自由化・グローバル化で疲弊した過疎地に立地するが、新自由主義サイクルのもとでは過疎が進むことはあっても逆転することはない。したがって、過疎地は危険を承知で補助金・税収と引き換えに原発受け入れ・増設（あるいは再稼働）に突き進み、新自由主義サイクルが続くかぎり原発サイクルが続くことになる（佐野、2012、90〜93頁）。

34) 3.11以後も、日本の原発利益複合体は再稼働にとどまらず、新増設、プラント輸出まで画策しているが、原発の危険性、高コスト性と真剣に向き合えば、また、既得権益への執着ではなく真のイノベーションを目指すのであれば、ドイツと同じく再生可能な代替エネルギー開発や省エネルギー技術開発に舵を切らねばならない。3.11以前から原発の高コスト性を訴え、再生可能エネルギー導入に向けた制度設計を研究してきた大島（2010；2011）は共生経済社会を構想するうえで必読である。

　また、戦前の日本において、地域の電力需要を地域で賄う動きがあり一定の成果を収めていたことは、今後、エネルギーの地産地消を考えるうえで重要なヒントとなるだろう。西野（2013）は、こうした戦前日本の町村営電気事業に関する先駆的研究である。ドイツなど諸外国にのみ、共生経済社会の萌芽や先例があるわけではない。

35) 比較優位の原理は、自由貿易の普遍的利益を明らかにした基礎理論とされる。しかしながら、それは、「貨幣的自動調整メカニズム」が作用することによって「単位労働コスト」が貿易当事国間で常に等しくならなければ成立しない。すなわち、グローバルな完全雇用と貿易均衡が貨幣的自動調整メカニズムによって保証されることを前提とする「開放経済におけるセイ法則」である。賃金が独立変数であり、各国間の単位労働コスト格差が調整されず、また資本移動が自由に行われるというように、現実の世界経済により近い想定をすれば、絶対的競争優位が生じうるし、賃金・福祉水準の下位平準化も起こりうることになる（田淵、2006、20〜26頁、38頁）。

　国際通貨体制の制約と切り離して、無前提に自由貿易の利益を説くことなどできないはずだが、主流派経済学においては、なぜ貨幣抜きの貿易理論、権力的要素を捨象した国際通貨論が展開可能になるのか。田淵（2006）は、学説史を丹念に掘り起こしつつ、この点を明らかにした名著である。佐野（2013、130〜138頁、143〜144頁）の議論を補足する意味でも、参照願いたい。

36) TPPの経済効果を試算する際、内閣府が用いた応用一般均衡モデルは、同じモデルを用いても前提条件の一部を変えただけで貿易自由化後の予測結果が異なる場合がある。したがって、佐野が指摘するとおり、結果の扱いには注意を要し、これをもって単純にTPP推進の根拠とはできない。また、自由貿易論者が軽視しがちな「農業・農村の多面的機能」まで考慮すれば、経済効果は割り引かれることになる（佐野、2013、111〜124頁、134〜135頁）。

37) TRADE 法については連邦議会 12 の委員会と、54 の小委員会の委員長も法案支持に回るなど、超党派での法制化が図られている。NAFTA のような過去の投資協定に対する反省を込め、労働基本権の尊重、外国投資規制・投機的資本移動規制の権限保持、農家が適正収入を得られるような農産物貿易、多国間環境保護規制の遵守、食料・食品の安全規制、知的財産権の人道的活用、産業・労働・環境・エネルギー等に関する政府調達方針の自主性尊重、社会保障・医療・教育・水道・運輸等の民営化・規制緩和要求の禁止、民主主義・基本的人権の確立を前提とした通商といった内容が盛り込まれている（ウォラック他、2011、70〜76 頁；佐野、2012、44〜45 頁；2013、141〜143 頁）。

38)「民主主義」と「国家主権」と「グローバルな経済統合」の鼎立は不可能であるという「世界経済の政治的トリレンマ」仮説を唱えるダニ・ロドリックは、民主主義と国家主権をより重視し、グローバル化に歯止めをかけようとしている。市場経済が機能するには制度・ガバナンスが必要であるにもかかわらず、グローバル経済を埋め込むためのグローバル・ガバナンスは十分には確立されていない。こうした現状認識から、市場を埋め込むためのガバナンスの単位として国家をなお保持し、多様な発展経路を認めるとともに、そのガバナンスに正当性を付与すべく、国内・国家間の民主主義を確立する、そして国家ガバナンスを通じてグローバル化を節度あるものとし、その恩恵を各国で享受するという方向性を模索している。いわば、現代版「埋め込まれた自由主義」の提唱である（ロドリック、2014、233〜240 頁）。

39) 佐野の主張は吉村仁の議論に支えられている（佐野、2012、45〜46 頁）。吉村はクラークの指摘が「人間の経済活動 vs. 生物資源」のみならず、「通常の自由な経済活動 vs. 自由金融・投資活動」の図式においてもあてはまると考えている。生物資源の再生産率を上回る自由競争の利益率が資源破壊につながるが、吉村は、金融資本主義において短期的に要求される利益率が自由経済を支える産業活動の利益率を大幅に上回ることによって、企業の生産活動が損なわれるという仮説を提唱している（吉村、2009、223〜229 頁）。

40) 若干古いが、1980 年代の債務危機後のラテンアメリカにおける協同組合運動の具体的事例を取り上げ、そこに流れる論理を異端の社会科学の眼で分析したものとしては、ハーシュマン（2008）がある。

参考文献

阿部彩（2008）『子どもの貧困――日本の不公平を考える』岩波新書。
阿部彩（2011）『弱者の居場所がない社会――貧困・格差と社会的包摂』講談社現代新書。
安全なエネルギー供給に関する倫理委員会（2013）（吉田文和他編訳）『ドイツ脱原発倫理委員会報告――社会共同によるエネルギーシフトの道すじ』大月書店。
石水喜夫（2009）『ポスト構造改革の経済思想』新評論。
石水喜夫（2012）『現代日本の労働経済――分析・理論・政策』岩波書店。
石水喜夫（2013）『日本型雇用の真実』ちくま新書。
ウィルキンソン、リチャード（2009）（池本幸生他訳）『格差社会の衝撃――不健康な格差社会を健康にする方法』書籍工房早山。
ウィルキンソン、リチャード他（2010）（酒井泰介訳）『平等社会――経済成長に代わる、次の目標』東洋経済新報社。
上田紀行（2005）『生きる意味』岩波新書。

ウォラック、ロリ他（2011）「米国の政治とTPP」ケルシー（2011）所収。
内橋克人（1995）『共生の大地――新しい経済がはじまる』岩波新書。
内橋克人（2003）『もうひとつの日本は可能だ』光文社。
内橋克人（2005）『「共生経済」が始まる――競争原理を越えて』日本放送出版協会。
内橋克人・佐野誠（2008）「連帯・共生の経済を――日本型貧困を世界的視野で読み解く」『世界』1月号。
遠藤乾（2009）「冷戦後20年 ユートピア殺しを超えて」『外交フォーラム』12月号。
大島堅一（2010）『再生可能エネルギーの政治経済学』東洋経済新報社。
大島堅一（2011）『原発のコスト――エネルギー転換への視点』岩波新書。
大竹文雄（2005）『日本の不平等――格差社会の幻想と未来』日本経済新聞社。
粕谷信次（2009）『社会的企業が拓く市民的公共性の新次元（増補改訂版）』時潮社。
クライン、ナオミ（2011）（幾島幸子・村上由見子訳）『ショック・ドクトリン――惨事便乗型資本主義の正体を暴く』（上・下）岩波書店。
ケルシー、ジェーン編著（2011）（環太平洋経済問題研究会他訳）『異常な契約――TPPの仮面を剥ぐ』農文協。
ゲルダー、サラ・ヴァン他（2012）（山形浩生他訳）『99％の反乱――ウォール街占拠運動のとらえ方』バジリコ。
国立国会図書館調査及び立法考査局（2012）「環太平洋経済連携協定（TPP）をめぐる動向と課題」『調査と情報』第735号。
佐野誠（1998）『開発のレギュラシオン――負の奇跡・クリオージョ資本主義』新評論。
佐野誠（2008）「労働市場をどうみるか」吾郷健二・佐野誠・柴田徳太郎編（2008）『現代経済学――市場・制度・組織』岩波書店。
佐野誠（2009）『「もうひとつの失われた10年」を超えて――原点としてのラテン・アメリカ』新評論。
佐野誠（2012）『99％のための経済学（教養編）――誰もが共生できる社会へ』新評論。
佐野誠（2013）『99％のための経済学（理論編）――「新自由主義」、TPP、所得再分配、「共生経済社会」』新評論。
志賀櫻（2013）『タックス・ヘイブン――逃げていく税金』岩波新書。
ジョージ、スーザン（2011）（荒井雅子訳）『これは誰の危機か、未来は誰のものか――なぜ1％にも満たない富裕層が世界を支配するのか』岩波書店。
スティーガー、マンフレッド（2010）（櫻井公人他訳）『グローバリゼーション（新版）』岩波書店。
橘木俊詔（1998）『日本の経済格差――所得と資産から考える』岩波新書。
橘木俊詔（2006）『格差社会――何が問題なのか』岩波新書。
田淵太一（2006）『貿易・貨幣・権力――国際経済学批判』法政大学出版局。
田淵太一（2012）「賃金デフレと主流派マクロ経済政策の破綻」山崎勇治・嶋田巧編著『世界経済危機における日系企業――多様化する状況への新たな戦略』ミネルヴァ書房。
ドーア、ロナルド（2005）（石塚雅彦訳）『働くということ――グローバル化と労働の新しい意

味』中公新書。
ドーア、ロナルド（2006）『誰のための会社にするか』岩波新書。
中山智香子（2013）『経済ジェノサイド——フリードマンと世界経済の半世紀』平凡社新書。
西野寿章（2013）『山村における事業展開と共有林の機能』原書房。
農山漁村文化協会編（2010）『TPP 反対の大義』農文協ブックレット。
ハーヴェイ、デヴィッド（2007）（渡辺治監訳）『新自由主義——その歴史的展開と現在』作品社。
橋本健二（2009）『「格差」の戦後史―階級社会日本の履歴書』河出ブックス。
ハーシュマン、アルバート（2008）（矢野修一他訳）『連帯経済の可能性——ラテンアメリカにおける草の根の経験』法政大学出版局。
服部茂幸（2013a）「積極的な金融緩和は日本経済を復活させるか——アベノミクスを支える経済理論の問題」『世界』4 月号。
服部茂幸（2013b）『新自由主義の帰結——なぜ世界経済は停滞するのか』岩波新書。
藤井良広（2007）『金融 NPO——新しいお金の流れをつくる』岩波新書。
フリーランド、クリスティア（2013）（中島由華訳）『グローバル・スーパーリッチ——超格差の時代』早川書房。
本田由紀（2009）『教育の職業的意義——若者、学校、社会をつなぐ』ちくま新書。
丸山眞男（1964）『現代政治の思想と行動（増補版）』未來社。
宮本太郎（2009）『生活保障——排除しない社会へ』岩波新書。
諸富徹（2009）「直接税改革で公平性追求」『日本経済新聞』12 月 2 日朝刊。
矢野修一（2008）「持続可能性と連帯経済——プロジェクト・スモール・エックスへのまなざし」高崎経済大学附属産業研究所編『サステイナブル社会とアメニティ』日本経済評論社。
矢野修一（2011）「『まだない』ものに向き合う社会科学——ポシビリズムと希望学の対話」『経済志林』第 78 巻第 4 号。
矢野修一（2012）「国際政治経済学からみた金融グローバル化——E. ヘライナーによる分析を中心に」『高崎経済大学論集』第 54 巻第 4 号。
矢野修一（2013）「2 つのアメリカ帝国と『埋め込まれた自由主義』の盛衰」『高崎経済大学論集』第 55 巻第 3 号。
吉村仁（2009）『強い者は生き残れない——環境から考える新しい進化論』新潮選書。
ラヴォア、マルク（2008）（宇仁宏幸・大野隆訳）『ポストケインズ派経済学入門』ナカニシヤ出版。
ラギー、ジョン（2009）（小野塚佳光・前田幸男訳）『平和を勝ち取る——アメリカはどのように戦後秩序を築いたか』岩波書店。
ロドリック、ダニ（2014）（柴山桂太・大川良文訳）『グローバリゼーション・パラドクス——世界経済を決める三つの道』白水社。

第3章

ウィリアム・モリスの「社会主義」

國分　功一郎

1　はじめに

　デフレーション（デフレ）とは、物やサービスが売れなくなり、その結果として財とサービスの値段が安くなっていく経済現象を指す。一般に、望ましい経済状況と考えられているのは緩やかなインフレであり、賃金の低下や失業をもたらすデフレは、脱却するべき、望ましからぬ状況と位置づけられている。わざわざ出典を掲げるまでもなく、多くの報道によれば日本の経済状況はデフレにある。つまり、日本はいま、脱却するべき、望ましからぬ経済状況にあるということになる。

　筆者は哲学・思想の研究をしている者であり、デフレについて経済学的な考察を行うことはできない。だがデフレについては、むしろ哲学や思想の分野からこそ考察がなされるべき問題があるように思われる。物やサービスが売れないという事態をマクロな視点から説明してしまうと、単に「人々にそれを買うためのお金がないからだ」ということになってしまう。しかし、そうした大雑把な説明は少しも現状を説明していないし、我々の実感にも一致しないし、何ら解決策ももたらさない。

　買うという行為は、物やサービスの価値と関わっている。価値は価格ではない。売れない時に価格が低下するのは経済的必然性であるが、だからといってその事態を分析する側もまた価格しか考えないのでは、有効な提案はできないし、事態の本質にも迫れない。現在のデフレ現象は相当に広範囲の問

題に関わっており、経済学的な分析と合わせて、そこにとどまらない考察が必要であると思われる。

　本章は、19世紀イギリスの思想家・工芸家・社会運動家、ウィリアム・モリスの思想を紹介することでその第一歩としたい。おそらくモリスの思想から現在のデフレを考えるというのは、あまりにも迂遠なやり方に思われるでしょう。しかし、目的地が遥か遠くであるのなら、迂遠であることを厭うわけにはいかないのである。

2　「社会主義者モリス」？

　ウィリアム・モリス（1834～1896）の名前は、現在、少なくとも日本でよく知られているとは言えない。モリスはデザイナーでもあったため、デザインの分野では今もかなりその名が広く知られている。しかし、そこでは彼が、社会主義者、しかもイギリスに社会主義を導入した最初期のその一人であった事実はもはや言及すらされない。むしろその事実は隠されているという感すらある。2008年から2009年にかけて、京都国立近代美術館、東京都美術館、愛知県美術館を巡回する「生活と芸術——アーツ＆クラフツ展」という企画展が開催され、その中でモリスの思想と運動は大きな位置を占めるものとして取り上げられていたが、モリスはそこで一貫して「政治活動家」「社会思想家」として紹介されており、「社会主義」「社会主義者」という言葉は一度も現れない[1]。展覧会そのものがすぐれたものであったことを確認した上で指摘すると、この事実にはある種の配慮を読み取らずにはいられない。すなわち、「社会主義」という言葉はモリスをありきたりな思想に傾倒した過去の人物として片付けるためのレッテルになってしまうだろうから避けるべきだという配慮である（なお、実は本稿でも同じくその点に"配慮"して、冒頭で「社会運動家」と書いたのである）。このような配慮の問題は、モリス以降にこの言葉が辿った歴史の問題、更には一つの忘却の問題と切り離せない。

「社会主義」とか「共産主義」といった言葉ないし思想を耳にする時、我々は既にロシア革命以降のパースペクティヴに身を置いてしまっている。しかしあの革命は、「社会主義」とか「共産主義」などと呼ばれる思想と関係をもつ様々な運動のうちの一つが、独特な仕方で巨大化、具現化したものに過ぎなかった。たとえば、戦前の日本に「アナ・ボル論争」と呼ばれる論争があった。「アナ」は「アナルコ・サンディカリズム」の略であり、「ボル」は「ボルシェヴィズム」の略である。アナルコ・サンディカリズムは労働運動を基盤としながら、横の連携を重視して社会運動を行うべきだという立場である。他方、ボルシェヴィズムは、前衛党が大衆を指導する縦の組織を重視する立場である。いうまでもなく、ロシア革命とは「ボル」によって行われた革命である。論争自体は第一次大戦以後、すなわちロシア革命以後に、日本の社会運動の運動方針を巡って活発化した。一方の側が既に他国で業績を上げている（ロシア革命の「成功」）のだから、論争の結果は火を見るよりも明らかだったと言うべきだろうか。論争は「ボル」の勝利に終わった。とはいえ、今から見て驚くべきは、既に業績を上げていて強力な説得力をもつ「ボル」に対抗し、論争が起こるほどに、「アナ」が当時、思想としての力を持っていたという事実である。

　我々は「共産主義」とか「社会主義」と耳にすると、強力な縦型組織によって統制された党とその党が支配する恐ろしい監視社会（秘密警察を伴う）を想像してしまう。おそらく、同じことは既に当時も想像されていた。だから、横の連携を重視する大衆運動に人気があった。それは、繰り返すが、既に実績をあげている「ボル」と対立し、拮抗するほどの力をもっていたのである。これは日本だけの話ではない。1921 年にロシア共産党は党大会でアナーキストの排除を決定している。正式にアナーキストたちを排除しなければならないほどに、彼の地でも、アナーキストたちが力をもっていたということである。だが、ロシア革命の「成功」は決定的であった。どんなに人の心を掴む思想であっても、論争の場に駆り出されれば、業績がある方には勝てない。こうして、「社会主義」「共産主義」といえば、ロシア革命によって

実現した思想のことであるというイメージが次第次第に確定していったのである。

「社会主義」という言葉をなんとなく忌避してしまう現在の傾向は、こうしたイメージによって形づくられたパースペクティヴに身を置いて過去の「社会主義」を眺めるために発生するものだと言ってよい。そして、今は有名な論争を通じてアナルコ・サンディカリズムの思想に言及したけれども、ロシア革命によって駆逐された——というか、なかったことにされた——社会主義の思想はそれだけではない。その一つが、モリスらによって主導されていたタイプの社会主義思想である。日本でもモリスの思想は、特に大正期の末から昭和の初めにかけて、「芸術的社会主義」として大々的に受容された。翻訳も数多くなされたし、研究書も出版されていた。1934年のモリス生誕百年の際には、丸善書店において「モリス誕生百年祭記念文献絵画展覧会」が催され、それに合わせて『モリス書誌』や『モリス記念論集』も出版されている。新聞雑誌にも多くの記事が掲載されたという[2]。ロシア革命に惑わされず、広い意味での社会主義の思想を受け取ろうという意識が、当時の日本にはまだあったのだと考えられるだろう。モリスの思想は、名もない日常使いの道具の美しさに目覚め、それを「民芸品」と名づけるとともに、その収集・紹介を行った柳宗悦（1889〜1961）の「民芸運動」にも影響を与えているし[3]、芥川龍之介（1892〜1927）が東京帝国大学文科大学英文学科を（20人中2番の成績で）卒業するにあたって提出した卒業論文は「ウィリアム・モリス研究」である[4]。では、かつてそれほどまでに熱心に受容されたモリスの思想とはどのようなものであったのだろうか？

3　ゴシック建築を作った職人たちの労働

モリスは今日、アーツ&クラフツ運動の父と呼ばれている。アーツ&クラフツ運動とは、1880年代のロンドンで始まった社会運動である。当時、少数の権力者が独占する美術市場の中で、活路を求めた芸術家、建築家、デザ

イナー、職人たちが、仲間を募り、意見交換を行いながら、純粋芸術か装飾芸術かを問わず、あらゆる形態の作品を民主的に定期的に展示するという試みを始めた[5]。ロンドンで最初に行われた展覧会（1888年）を主催した「アーツ&クラフツ展協会」が、後にこの運動の名称になる。実はモリス自身は当初、この運動がうまくいくかどうか懐疑的で、活動にはほとんど参加しなかった。しかし、展覧会には作品を出品していたため、モリスの名前とこの運動が結びつけられることになったのである。確かにこの展覧会の思想はモリスに通ずるものをもっていた。しかしながら、モリス自身の思想と活動を紹介するには、これより約30年ほど遡らねばならない。

　モリスはもともと聖職者志望であったが、オックスフォード大学在学中、芸術に生涯を捧げる決意を固める。在学中の1855年夏に友人たちと試みた北フランス旅行がきっかけだったと言われているが、最も強く彼の心を揺さぶったのは、彼が在学中に出会い、そして心を奪われて読んだジョン・ラスキン（1819〜1900）の思想である。モリスはラスキンとの出会いが「一種の啓示」であったと述べている[6]。モリスより一世代上にあたるラスキンは、イギリス・ヴィクトリア時代を代表する批評家・美術評論家である一方、いくつもの慈善事業を手がける実践的な社会運動家でもあった。ラスキンがモリスに与えた影響は計り知れず、一言でそれを説明することはできないが、おそらく、モリスにとって革新的であったのは、ラスキンが芸術作品を社会、あるいは労働と結びつけて批評しようとした、そのやり方である。事実、ラスキンの批評の視点は実に驚くべきものである。モリスが自ら序文を書き、自らが設立した出版社ケルムスコット・プレスで出版したラスキン著『ゴシックの本質』にそのエッセンスが詰まっている[7]。

　普通、ゴシックなど建築の特定の様式は、その形態から類別されて論じられる。例えばゴシックに先立つロマネスク様式は半円形アーチを利用した重厚な教会堂建築として、それに対してゴシック様式は、尖ったアーチ（尖頭アーチ）を利用した背の高い教会堂建築として知られる[8]。ところが、ラスキンは、そうした形態の問題はさらりと片付けてしまう。そして、そうした

形態よりもむしろ、そうした形態の建築を実際に作っていた職人たちの仕事が当時どうであったかを考えようとするのである。

　「職人が完全に奴隷にされているところではどこでも建物の各部分は当然絶対に画一的なものになるはずである。というのは、彼の仕事が完全なものになっているのは、彼にひとつのことをやらせて、ほかには何もさせないことによってはじめて可能になるからだ。したがって職人がどの程度までおとしめられているかは、建物の各部分が均一かどうかをみれば一目瞭然であろう。そしてもしギリシアの建物のように、すべての柱頭がおなじで、すべてのモールディングが変わりなければ地位の下落はきわまったといえる。もしエジプトやニネヴェの建物のようにいくつかの彫像を制作するやり方がつねにおなじであっても、意匠(デザイン)の様式がたえず変化していれば下落は行き着くところまではいっていない。もしゴシックの建物のように意匠と施工の両方に不断の変化がみられるのならば、職人は完全に自由にされていたにちがいない」[9]。

　芸術作品の出来上がった形態を見比べて「ああだこうだ」言っているような批評はラスキンには物足りない。レフ・トルストイ、夏目漱石、マルセル・プルースト、更にはマハトマ・ガンディーにまで強大な影響を与えたこの美術批評家は、作品の発生する現場を具体的に論じるところにまで批評を推し進める。それが、作品を実際に作っていた職人の労働についてまで考えるということである。自由な労働は自由な作品を生み出す。画一的な作品は忌むべき画一的な労働の産物である。イギリス・ヴィクトリア期を代表するこの美術批評家は、そのような視点をもっていた。そこからは、労働の、そしてまた芸術創作のあり得べき姿も導き出されることになるだろう。ラスキンは次のように言う。「画家は自分が使う顔料を自分で擦りつぶすべきであり、建築家は石工の現場で部下たちとともに働くべきだ。工場主は彼の工場の誰よりも腕の立つ職工であるべきだ」[10]。

アーツ＆クラフツ運動についての浩瀚な研究書を著したジリアン・ネイラーは、いま引用したラスキンの一節を同じく引用しながら、この『ゴシックの本質』にはアーツ＆クラフツ運動の基礎となる諸原則が詰まっていると述べている[11]。すくなくともモリスにとってはそう言えるであろう。モリスは、ラスキンに影響を受けながら、芸術と労働が切り離せないことを確信し、新しい形態での芸術制作を目指すこととなった。モリスは大学在学中に出会った生涯の友人、エドワード・バーン＝ジョーンズと共同生活をしながら、まず家具や実用品のデザインを始めた。そして1861年には、友人6人とともに、モリス・マーシャル・フォークナー協会を設立する。これは、いわゆる純粋芸術作品ではなく、1) 壁面装飾、2) 建築用の彫刻、3) ステンドグラス、4) 金属細工、5) 家具といった、人々の生活と密着した装飾芸術作品を、複数の芸術家が共同で作業して制作するための工房である[12]。モリスは社会運動をこうした商売と連動して考えていた。そして、芸術作品の共同制作という新しい労働の仕方を、実際に自分たちでやってみせた。この2点は極めて重要なことであると思われる。商売の中で社会主義の思想を実現しようとし、またそれを実現した例は他に類を見ないからである。この運動は、先に言及したアーツ＆クラフツ展を経由しつつ、アーツ＆クラフツ運動として世に知られることとなる。

モリスに始まるアーツ＆クラフツ運動については、しばしばなされるありふれた批判がある。モリスの工房は中世のギルドをモデルにしている。だからその運動は古くさいものを古くさいが故に愛でる復古主義的なものに過ぎないという批判である。この批判を最も体系的に展開しているのは、アメリカの経済学者ソースティン・ヴェブレン（1857～1929）である。モリスは手作りを重視したが、ヴェブレンはこれを「不完全さへの礼賛」と揶揄している。ヴェブレンは『有閑階級の理論』の中で次のようなことを述べている。手作り品と機械製品を比べてみよ。機械製品の方が仕上がりははるかに完璧だ。デザインも細部までずっと正確に実現されている。それに比べて手作り品はどれもバラバラだ。全く同じものを大量生産できる機械製品がいかにす

ばらしいことか……[13]）。また、未来派運動の指導的存在として知られるイタリアの詩人、マリネッティも、ラスキンを、「機械を憎み蒸気と電気を憎んで、昔の素朴さに捕らわれた老人」と批判している[14]。

　これらの批判については、また機を改めて論じねばならないだろう。だが、一つ指摘せねばならないのは、モリスがその運動を、労働、芸術的価値、そして商業の新しい形という総合的な視点から考えていたということである。哲学者テオドール・アドルノが鋭く指摘しているように、モリスを復古主義として批判するヴェブレンは、「額に汗して働くことが尊い」というピューリタン・イデオロギーの持ち主であった[15]。そして、ヴェブレンは芸術を含めた文化を、単なる無駄な浪費としか考えていない。そこには労働そのものを豊かにしようとするラスキン＝モリス的な視点はみじんも見られない。マリネッティは技術を称揚しながら、後にファシズム運動に同調していった。もちろん、これらの視点だけから、モリスを批判した人々を弾劾するわけにはいかない。だが、そうした批判がモリスの運動の要点に届いていないことは指摘しなければならない。

4　労働、商品、社会主義

　モリスの活動は確かにラスキンからのインパクト無しでは考えられないものである。モリスはラスキンの思想を、ラスキンを超えて実践したと言ってよい。では、モリス自身はいったいどのような思想をもっていたのだろうか。もちろん、モリスの思想全体をこのような小論で扱うことはできない。ここでは本章に関係のある限りで、重要な点を見ていきたい。

　何よりもまず重要なのは、モリスと社会主義の関係であろう。これについてはモリス自身の説明があり、大変興味深い（「いかにして私は社会主義者になったか」〔1894年〕）[16]。この小論によれば、モリスはラスキンに大きな影響を受けた後で社会主義者になっているが、そのきっかけはやや変わっている。彼はジョン・スチュアート・ミル（1806〜1873）が社会主義を攻撃し

ている論文を読んで、社会主義者になったのだという。「その論文でミルは、それ自体としては明瞭に、誠実に議論を展開していた。ところが、その結果は、私に関するかぎりでは、社会主義は必要な変革であり、それは今日、実現することが可能であるとの確信を私に与えることになった」(101頁)。ミルは自由放任主義の擁護者であり、また晩年には、社会主義者を自称するようになる。モリスが読んだのは、「フーリエ風の社会主義を攻撃している」ミルの遺稿だったというから、これは要するに、シャルル・フーリエ（1772～1837）のそれのような、後にエンゲルスによって「空想的社会主義」と一括される社会主義を批判したものに過ぎず、その思想の中心部にはミルなりの「社会主義」の思想があったということかもしれない。

　そもそもモリスは「アダム・スミスを繙いたこともなければ、リカルドやカール・マルクスについて聞いたこともなかった」（同前）のであり、「社会主義」や「共産主義」という思潮を巡る複雑な事情をわきまえていたわけではなかったのだろう。一応、マルクスの著作には取り組んだというが、「白状しなければならないが、『資本論』の歴史的な叙述のところは大変に面白かったが、この大著の純粋に経済学のところを読む際には頭脳の混乱という苦痛をなめさせられた」とも述べている。実にモリスらしいエピソードである。とにかく、モリスは社会主義者ではあったけれども、それはマルクス的な共産主義とは全く異なる社会主義の思想であった。また、後のレーニンの暴力革命論に通ずるような思想を抱いていたわけではなかったという点も間違いない。

　また更に興味深いのは、それと並んで出てくる「無政府主義者（アナーキスト）」を巡る叙述である。冒頭で述べた通り、当時、民衆の横の連帯を強調するアナーキズムの思想は相当な影響力をもっていた。モリスもまた友人にアナーキストがいた。だが、アナーキストについてもモリスは次のように述べている。「これらの人々から私は彼らの意図とは正反対に、アナーキズムは不可能だということを学んだ」（102頁）。モリスはいわば、「アナ・ボル論争」的なものの外部にいた。「アナ」でも「ボル」でもない社会主義を考えたのである。

ではそれはどんな社会主義であったか。参考になるのは「芸術と社会主義」(1884年)という論考である。モリスはそこで当時の商業を批判しているが、これは分かりやすく言い換えてしまえば、現代にも見られる消費社会批判に他ならない。時間があったら、ロンドンの目抜き通りを散歩して、そのショウ・ウインドウを眺めてみればいい。誰も欲しくない無用の長物が数えきれぬほど並べられている。無用の長物ならまだましだ。中には、進んで破壊的で有害な品々、たとえば粗悪な食料品や飲料まで売られている(69頁)。今から見れば、こうした消費社会批判は目新しいものではないかもしれない。ただ、産業革命以後のイギリスを生きる人々の生活が、まだまだ品質管理なども徹底されていない工場生産の粗悪な品々によって冒されつつあったことは念頭に置いておかねばならない。モリスはそうした現状を見ながら、人々の生活の質について考えているのである。

　とはいえ、モリスのこうした批判は、いわゆる消費社会批判には収まりきらない射程をもっている。なぜならモリスはその中で、当然というべきか、労働の問題を取り上げるからである。こんな無用の長物を作ること、売ることを強いられた人々がいる。「魂を殺してしまい、動物的な生命をさえ短くするような恐ろしい非人間的な苦労をして、下らぬ品物をつくっている何千という男女がいるのだ」(69頁)。ここには、モリスがラスキンから受け継いだ思想が息づいていると言わねばならない。確かにモリスは当時の、産業革命後の商業がもたらす粗悪な品々そのものにも不満を抱いているのだろう。だが、モリスが商品を眺めるにあたって基準とするのは、その商品の質そのものではなくて、その商品を生産する労働の質なのである。モリスはこの点をはっきりと述べている。

　「為す価値のない、あるいは製作者を堕落させるような労働によって作られねばならぬものは人間の労働によって作られるべきではない」(84頁〔傍点は原文〕)。

この論点は極めて重要であると思われる。しばしば消費社会批判は、消費社会が広告等を用いて利用するイメージを批判する一方で、自らもまた別のイメージに陥ってしまう（「ロハス」「スロー・フード」「手作り」等々[17]）。だからモリスの消費社会批判も、古めかしい復古主義的観点からなされる「手作り品」礼賛に思われてしまうかもしれない。しかし、モリスの消費社会批判はそうではない。なぜならそれは、彼がラスキンから継承した労働の視点よりなされているからである。こういう商品を生産する労働はいかなるものであろうか——その視点から商業が眺められる時、批判は実質的なものになる。そこでは徹頭徹尾、労働という実際的行為が問題になっているからである[18]。もちろん、「労働はそれ自体で、為して楽しいものでなければならぬ」（77頁）という断言などは、古めかしい、理想主義的なものに思える。しかし、商品市場と労働市場を連結させて考察するとともに、どうすれば質のいい労働と質のいい商品とが確保できるかという視点は、すこしも古びたものではない。そのような視点から社会を分析し、質の高い商品と労働を保証する制度を創造し、実践する。それこそが、ウィリアム・モリスの社会主義に他ならない。

5　教育

小野二郎はモリスが議会を通しての改革方式や政治闘争を一貫して否定し、民衆の教育に自らの課題を限定していたことを強調している[19]。モリスは政治団体に無縁だったわけではない。1883年にはH.M.ハインドマンが指導する当時のイギリスでは唯一の社会主義団体、「民主連盟（Democratic Federation）」に加盟[20]。だが、ハインドマンの権威主義とその国家社会主義的な思想に限界を感じ、翌年の末にはこれを脱退するとともに、同じく脱退した他の執行部メンバーとともに「社会主義同盟（The Socialist League）」を結成している。同盟の活動はその後も続いた。だが、モリスはそうした政治団体に所属しつつも、一貫して「教育」にこだわっていた。で

はモリスが考えていた教育とは何なのだろうか。

　小野は「教育」にこだわったモリスが、クロポトキンとかカール・コルシュに似ているとか似ていないなどといった議論をしているが[21]、これは小野の著作が1970年代になされたものであるが故に受けねばならなかった時代的制約と見なすべきであろう。つまり、マルクス主義を中心に据えた上で、この中心からずれるクロポトキン（アナーキスト）や、この中心の意味を問い直したコルシュ（「マルクス主義の主体化」の理論家）との関係が論じられているのであって、今から見ればむしろこのような問題設定の方が恣意的であると言わねばならない（それに、ここまで論じるのであれば、『歴史と階級意識』を著したルカーチとの関係まで論じなければ片手落ちである）。

　とはいえ、このような問題設定は、モリスの考えていた教育がなかなか理解されにくいものであったことを意味しており非常に興味深い。モリスが生きていた当時にどうであったのかはよく分からないが、少なくとも小野がモリスを研究していた時点——すなわち本章の冒頭で指摘した「ロシア革命以降」というパースペクティヴが支配的になっている時点——では、社会主義者の語る「教育」は、「革命意識の注入」とか「階級意識の形成」といったものとしてしか理解されなかったのである。しかし、芸術と労働を語る「社会主義者」が、どのような「教育」を考えていたかは、もはや自ずと明らかではないかと思われる。有名な講演、「民衆の芸術」（1879年）を参照しよう。モリスはその中で次のように述べている。

　「あなた方（そして我々）が熱望していたものがすべて獲得されたときに、今度は何をするのか。我々がそれぞれ分に応じて働いているあの大変革は、他の変化と同じように、夜の盗人のようにやってくる。我々の気のつかぬうちにそれは足下にやってくる。しかし、この変革の完成が突然、劇的にやってきて、すべての心正しい民衆によって認められ、歓迎されると仮定して、その時に我々は何をするのか。ふたたび痛ましい労働の幾時代かのために新しい腐敗をつみかさねはじめることのないようにするには、

我々は何をすべきか。新しい旗がかかげられたばかりの旗竿から立ち去り、新秩序を宣言するラッパの音がまだ耳元に響いている時、今度は我々はどこに向かっていくのか。どこに向かっていく必要があるのか。／我々の仕事、日々の労働以外の何に向かっていくのであろうか」(13頁)。

この短い一節に書かれていることは、19世紀の社会主義者が書いたものとしては異例である。ここでモリスは革命の話をしている(「大変革」)。モリスによれば、それは「他の変化と同じように、夜の盗人のようにやってくる」。当時の社会主義者も共産主義者も、どうすれば革命を起こすことができるか熱心に考えていた。ところがモリスはそうではない。モリスは、革命は今晩にでもやってくるかもしれない、と思っているのだ(しかもここには、「突然、劇的に」やってきた変革が、民衆によって「認められ、歓迎されると仮定して」とも書かれている。モリスによれば、革命は民衆によって正当なるものと認められなければならないのである)。では、そのような心構えの社会主義者にとって、取り組むべき課題とは何か？　変革後の世界に備えることに他ならない。変革に備えるのではない。革命家たちはいつも、変革の瞬間に向けて備えていなければならないと考えていた。すなわち、革命の客観的条件が整った時に、主体的に行動できなければならない、と。モリスが言っていることは全く違う。「新秩序を宣言するラッパの音がまだ耳元に響いている時」、つまり新しい社会が訪れた時に、どこに向かっていくべきか、どう生きるべきか、それを問うている。

引用の末尾にあるように、我々はもちろん、その時も労働しなければならない。したがって我々はその時もまた「日々の労働」に向かうのである。労働がなくなる社会などありえない。では、変革後の世界では労働はどうなるのか？　モリスは続いて次のように述べている。

「我々がまったく自由に、理性的な存在になった時に、今度は我々はそれを何で飾るのであろうか。我々の日々の労働は必要な労役である。しか

し、それはただ労役だけなのであろうか。我々にできることは、人々の希望以上に暇な時間を長くするために、労役の時間を極力、短くする、ということ以外にはないのであろうか。そしてもしあらゆる労役が厭わしいものだとするならば、今度はその暇をもって何をしようとするのだろうか。眠って暮らそうというのだろうか。それならばいっそのこと、目を覚まさない方がましだろう」（同前）。

モリスは強い口調で述べている。労働を単なる苦役と捉え、それをできる限り短くするのが変革後の社会だと考えるのであれば、そうしてできた暇で何をするというのか。「眠って暮らそうというのだろうか。それならばいっそのこと、目を覚まさない方がましだろう」。モリスが問うのは、労働を何で飾る（adorn）のか、ということである。ラスキンから受け継いだ芸術と労働を巡る思想はこうして、「労働を何で飾るか？」という問いへと磨き上げられた。そして、ここにこそモリスにとっての教育の課題がある。今の社会で労働に携わる人々の多くは、おそらく、労働を厭わしい苦役としか捉えられない。それ故、もしも今晩、変革がやってきたら、明日の朝から彼らはどう労働していいか分からない。だからこそ、それに備えなければならない。モリスはこうも述べている。「多くの悪が矯正され、この世の汚らしい仕事を押しつけることのできた賤民階級なるものが存在しなくなるような時代に、以上のようなことが問題になるであろう。そして人々の心が依然として病的で、芸術を嫌うようならば、人々はこの問題に答えることはできないであろう」（12〜13頁）。モリスにとっての教育とは、豊かな社会が実現した時に、その豊かな社会を享受できるようになることである。厭わしい労働しか知らない人は、モリスが考えるような喜ばしい労働を知らない。だから、それが可能になっても、それを享受できないのである。だからこそ教育が必要になる。新しい方式で、質の高い、芸術的価値をもった、しかも日常生活で使用される品々（装飾芸術）を作り、売ること。それはまさしく民衆への芸術的なメッセージであり、教育なのである。もちろん、それが実現する時、飾ら

れるのはもはや労働だけではない。飾られた労働によって作られた品々は、それ自体が芸術的価値をもっているからである。芸術は、一部の特権階級が独占する、有名作家の作品（純粋芸術）だけではない。労働が変われば、生活を取り巻く品々も変わる。モリスの工房はそれを目指していた。

6　結論に代えて──生産、販売、購入

　モリスやラスキンのように、作品や商品を、それらを生産する労働の側から検討することは、生産と販売と購入のすべての質の向上を総体的に考察することに他ならない。モリスは商品を作る人、売る人、買う人のすべてを考えていた。つまらない商品を作ったり、売ったり、買わされたりすることがあってはならないと考えていた。ラスキンが自ら工房を経営していたことは、その意味で、彼の思想にとって本質的な意味をもっている。

　するとモリスは、単に労働者を人間として慮っていたから労働を重視したわけではないと考えることができる（もちろん、そのように慮ってはいただろうが）。なぜなら、商品を買うのは労働者だからである。モリスは、「芸術・財貨・富」（1883年）の中で、財貨（Wealth）と富（Riches）を区別し、「wealthy man というのは豊かな生計の資を持つ人を意味し、rich man というのは同胞を支配する大きな権力を持つ人を意味した」と述べている（110頁）。ここに読み取られるのは、もちろん、「富」という名の権力への批判だが[22]、それだけではない。モリスは財貨を重視していた。しかもモリスは財貨について、それは衣食住であると同時に、芸術や知識に関するものでもあると述べている（128頁）。お金はなければならない。そしてそれと同時にそれを用いるための知識をもたねばならないのである。ここでも教育が問題になる。

　商品を買うためには、お金だけでなく、思索と知識が必要である。思索と知識がなければ商品を買うことができない。いや、こう言い換えるべきだろうか。思索と知識がなくても買えるものしか買えない。したがって、物が買

えるようになるためには、その物についての知識と、その物について思索するための余裕が必要である。モリスは専ら労働について語っているが、その思想から導きだされるのは、生産と販売と購入の全サイクルの質を向上させるビジョンである。そうすると、商品が売れない時にできるのは、値段を下げることだけではないことが分かってくるのである。

注

1) ここでは実際に展覧会とともに、その図版を参考にしている。『「生活と芸術——アーツ&クラフツ展」図録』、朝日新聞社、2008年。本文に繰り返して述べれば、「社会主義」という言葉がこの展覧会に現れないという本稿の指摘は些かも同展覧会に対する批判ではない。本文で述べた通り、本稿も同じ配慮をせざるをえなかったのである。
2) 日本におけるモリス受容については、日本随一のモリス研究者小野二郎氏の『ウィリアム・モリス——ラディカル・デザインの思想』(中公文庫)の第1章を参照されたい。日本で出版された研究書についても、同書の「参考文献」表を参照されたい。同書はもともと1973年に中公新書として発売されたものであり、1992年に発売された中公文庫版は、年譜と文献表を付した増補版である。2011年に改版発行されて入手しやすくなった。
3) モリスと柳の関係については、以下を参照されたい。中見真理、『柳宗悦——時代と思想』、東京大学出版会、2003年、115頁。倉数茂、『私自身であろうとする衝動——関東大震災から大戦前夜における芸術運動とコミュニティ』、以文社、2011年、144頁。柳は民芸運動が海外からの輸入思想によって生み出されたものではなく、日本で独自に成長したものなのだという点を強調したいがために、モリスからの影響を否定したようである。
4) 菊地弘他編、『芥川龍之介事典（増訂版）』、明治書院、2001年を参照。なお、卒業論文そのものは残念なことに関東大震災で焼失してしまっている。
5) 前掲『「生活と芸術——アーツ&クラフツ展」図録』、25頁。
6) 小野二郎、前掲『ウィリアム・モリス』、50頁。
7) 『ゴシックの本質』はもともとはラスキンの著作『ヴェネツィアの石』の第2巻第6章であるが、モリスがそれを独立させて出版した、いわゆるケルムスコット版の存在故に、一つの独立した著作として扱われている。ケルムスコット版の書誌は以下の通り。John Ruskin, *The Nature of Gothic: A Chapter of the Stones of Venice*, London: Kelmscott Press, 1892. 邦訳がある。ジョン・ラスキン、『ゴシックの本質』、川端康雄訳、みすず書房、2011年。本稿ではこの邦訳を参照している。
8) 因みにゴシック建築の特徴は尖頭アーチを利用して建物の強度を高めるとともに、窓を多く設け、建物の内により多くの光を取り込めるようになった点にある。ゴシック建築の最高傑作と呼ばれるのは、パリのノートルダム大聖堂だが、周知の通り大変背の高い建物であり、また内部に入ると、屋内もかなり明るい。それに対し半円形アーチを利用したロマネスク建築では、建物の背が低くてずんぐりしており、屋内もかなり薄暗い。
9) ラスキン、前掲『ゴシックの本質』、54頁。
10) 同上書、49頁。

11) ジリアン・ネイラー、『アーツ・アンド・クラフツ運動』、川端康雄・菅靖子訳、みすず書房、2013年、69頁。なお、ネイラーはこの原則が、ドイツでバウハウスを創設する建築家ヴァルター・グロピウス（1889〜1969）にまで受け継がれると述べているのだが、この点はもう少し詳しく考えた方がよいように思われる。バウハウスはモリス的なものを排除することで成立したとも言えるからである。

12) 因みに、モリスを含めた7名の出資はたった1ポンドで、モリスの母による100ポンドの出資で工房はスタートしている。また、モリスは年俸150ポンドのマネージャーとなったが、赤字はモリスの負債で穴埋めされていた。設立当時はかなり厳しい経営状況だったのである。

13) ソースティン・ヴェブレン、『有閑階級の理論』、高哲男訳、ちくま学芸文庫、1998年、182頁。なお、モリスとヴェブレンの思想の比較検討はより広いパースペクティヴで行う必要がある。拙著『暇と退屈の倫理学』（朝日出版社、2011年）の第3章でそれを試みているので、関心のある方は参照していただければ幸いである。

14) ネイラー、前掲『アーツ・アンド・クラフツ運動』、20頁。なお、マリネッティが後にファシズムに同調することはよく知られている。ファシズムは近代主義・技術主義であり、アーツ＆クラフツ運動的なものを嫌う。モリス自身の思想はともかくとして、以後のアーツ＆クラフツ運動を全体として眺めるならば、そこに復古主義的な傾向があることは指摘できるかもしれない。だが、モリスがやはり社会主義者であったということをここで想い出さねばならない。モリスは人類の進歩について考えている。次の一節からは、モリスが中世に戻りたいどころか、それと正反対のことを考えていることが分かる。

「この問題について私が語る時に、しばしば私に向かって述べられる一つの反対意見について述べよう。「あなたは中世の芸術が惜しむべきものだと言っておられる（事実その通りだ）。しかし、それを生んだ人々は自由ではなかった。彼らは農奴か、産業統制の鉄の壁でかこまれたギルドの職人だった。彼らは政治上の権利を持たず、その主人である貴族階級から酷い搾取を受けていた」。こんなことがよく私に向かって言われた。なるほど、中世の圧政と暴力とが当時の芸術に影響を与えていることは私も認める。その欠点はそういうところに原因がある。ある方面では芸術に制限が加えられていたことも私は疑わない。それだからこそ私は言うのだが、昔の圧政を脱ぎ捨てたごとく、現在の圧政を我々が脱ぎ捨てるならば、真に自由な時代の芸術が昔の暴力の時代の芸術を踏み越えて立ち上がるものと思う」（52頁）。

15) テオドール・アドルノ、「ヴェブレンの文化攻撃」、『プリズメン』、渡辺祐邦・三原弟平訳、ちくま学芸文庫、1996年、113〜114頁。アドルノは次のように言っている。「今日、文化はすっかり広告の性格、すなわち単なるまやかしという性格を帯びてしまったが、ヴェブレンにおいては、文化はもともと広告以外の何ものでもなかった。つまり、それは権力や戦利品や利潤の誇示である」（107頁）。なお、アドルノは、シェーンベルクに次ぐ作曲家を目指した音楽家でもあった。アドルノがモリスを論じたことはなかったように思われるが、もしそうしたものが残っているなら是非とも読んでみたいものである。いずれにせよ、ヴェブレンにモリスの美意識と芸術的センスを理解しろという方が無理だったと言うべきであろう。

16) ウィリアム・モリス、『民衆の芸術』、中橋一夫訳、岩波文庫、1953年。以下、同書からの引用は本文中にページ数を記載する。

17) 消費社会を批判する者たちが消費社会とは別のイメージに取り込まれている現状を、食に注目しながら分析したのが、速水健朗の『フード左翼とフード右翼——食で分断される日本人』（朝日新書、2013年）である。速水は、食に対する態度が政治的な思想と繋がっていることを

指摘している。
18) たとえば、全く必要のないモデルチェンジを繰り返す最近の商品（たとえば携帯電話はその最たる例である）について考えてみよう。モデルチェンジが繰り返されるのは、それが必要だからではなく、モデルチェンジしないと売れないからである。モデルチェンジすると売れるのは、「モデル」そのものでなく、「モデルチェンジした」という情報が消費されているからだ。もちろん、モデルチェンジを繰り返すことによって、類を見ないような興味深い商品が作られるかもしれない。その商品だけを眺めていれば、それを評価することは可能であろう。実際、消費社会を肯定的に評価する議論は、商品の「多様性」やその「進化」を取り上げる。だが、そうした商品を作り出す労働の方はどうなのか？ モデルチェンジを繰り返すためには、設備投資にかかる費用を最小限に抑えて、本来ならば機械にやらせてもいいような作業を低賃金で人間に強いなければならない。更に、売れるモデルを安定生産・安定供給することも許されないし、どのモデルが売れるかも不確定であるから、ニューモデルを生産するための生産手段は、必要な時には簡単に増やせて、不必要な時には簡単に減らせないといけない。そうした生産手段を提供しているのが、言うまでもなく、フレキシブルな労働力、いわゆる非正規雇用の労働者たちである。ラスキン＝モリス的な視点で市場経済を分析することは、今こそまさに必要になっているのではないだろうか。
19) 小野二郎、前掲『ウィリアム・モリス』、191 頁。
20) なお、民主連盟は、モリス加盟の翌年に「社会民主連盟（Social Democratic Federation）」と改称している。
21) 小野二郎、前掲『ウィリアム・モリス』、210〜215 頁。
22) モリスは、ここに言う富は貧困と切り離せないことを指摘している。「我々の文明が創造したのは、財貨ではなくして、貧困という友を持つ富である。富は貧困なくしては存在し得ず、言い換えれば奴隷なくしては存在しえないからだ」(129 頁)。

第 2 部

デフレーションへの適応と展望

第4章

デフレ経済下の東急ハンズ
――出店戦略の転換と新業態の模索――

加藤　健太

1　課題

　本章の課題は、出店戦略と業態開発の視点から、デフレ経済下における東急ハンズの変容過程を検証することである[1]。その際、同社（の店舗）を特徴づける①豊富かつこだわりの品揃え、②広範な売り場ないし大型店舗、③出店地域の絞込みに焦点を合わせるが、これらの特徴は相互に関連性をもつ。たとえば、豊富かつこだわりの品揃えをしようとすれば、広範な売り場を確保する必要性が高まり、それなりに大きな商圏を抱えていなければ、その規模を維持することが難しいから、出店地域は都市部に限られるだろう。このうち②については、表4-1からも確認できる。同表の「店舗面積」欄によれば、1976年オープンの藤沢店（実験店）の2220m²から1990年に開店した横浜店の8800m²までは、藤沢店を除くといずれも4000m²超の規模を誇ったことが分かる。そうした売り場の広さこそが、豊富な品揃えという東急ハンズらしさを担保する1つの条件だったといえる。この表を眺めただけでも、その後の変化を垣間見ることは可能だが、先を急ぐことを止めて、ここで研究史の整理と本論文の位置づけを確認しておこう。

　上記の3つに加えて、こだわりの品揃えと表裏の関係にある仕入販売制度や「"ない"では終わらせない」接客を実現する人材の育成など、東急ハンズの経営上のユニークさはこれまでも注目を集めてきた。もっとも基本的な文献は、同社の社史編纂プロジェクトチームが1997年にまとめた『手の復

表 4-1　東急ハンズの店舗展

年月日	業態	名称	所在地
1976.11.12	東急ハンズ	藤沢店	神奈川県藤沢市
1977.11.18	東急ハンズ	二子玉川店	東京都世田谷区
1978. 9. 9	東急ハンズ	渋谷店	東京都渋谷区
1983.10. 1	東急ハンズ	江坂店	大阪府吹田市
10.29	東急ハンズ	町田店	東京都町田市
1984.10.19	東急ハンズ	池袋店	東京都豊島区
1986.11. 1	東急ハンズ	名古屋ANNEX店	愛知県名古屋市
1988. 3.18	東急ハンズ	三宮店	兵庫県神戸市中央区
1990. 9.19	東急ハンズ	横浜店	神奈川県横浜市西区
1992. 1.24	東急ハンズ	二子玉川新店舗	東京都世田谷区
1995.10. 7	東急ハンズ	広島店	広島県広島市中区八丁堀
1996.10. 4	東急ハンズ	新宿店	東京都新宿区
1998. 3.14	東急ハンズ	札幌店	北海道札幌市中央区
1999. 2.27	東急ハンズ	町田店	東京都町田市
3	東急ハンズ	心斎橋店	大阪市中央区
2000. 3.15	東急ハンズ	名古屋店	愛知県名古屋市
4.20	アウトパーツ	アウトパーツ船橋店	千葉県船橋市
5.11	ナチュラボ	ナチュラボ1号店	東京都中央区
2001. 3.30	ナチュラボ	ナチュラボ1号店（池袋）*	東京都豊島区
2002. 3. 1	ハンズセレクト	バス＆キッチン青葉台店	神奈川県横浜市
10	ナチュラボ	仙川店	東京都調布市
2003. 9.12	東急ハンズ	川崎店	神奈川県川崎市
2004. 2	東急ハンズ	北千住店	東京都足立区
9.14	複合業態	ナチュラボ　アウトパーツ1号店	東京都千代田区丸の内
11.19	ホーミィルーミィ		千葉県船橋市
2006.10	東急ハンズ	ららぽーと豊洲店	東京都江東区
2007. 3	東急ハンズ	ららぽーと横浜店	神奈川県横浜市都筑区
3.30	東急ハンズ	大宮店	埼玉県さいたま市大宮区
8	東急ハンズ	柏店	千葉県柏市
9. 1	東急ハンズ	銀座店	東京都中央区
2008. 6. 2	ハンズビー	札幌ステラプレイス店	北海道札幌市中央区
2010. 2. 3	ハンズビー	たまプラーザ店	神奈川県横浜市青葉区美しが丘
3	ハンズビー	マルイファミリー溝口店	神奈川県川崎市高津区
4	ハンズビー	戸塚東急プラザ店	神奈川県横浜市戸塚区
9.21	ハンズビー	アトレ吉祥寺店	東京都武蔵野市
10.13	ハンズビー	西武新宿ペペ店	東京都新宿区
11	ハンズビー	アトレ秋葉原店	東京都千代田区
2011. 1.28	ハンズビー	中野マルイ店	東京都中野区
3. 3	東急ハンズ	博多店	福岡県福岡市博多区
4.19	東急ハンズ	梅田店	大阪府大阪市北区梅田
4.26	東急ハンズ	あべのキューズモール店	大阪府大阪市阿倍野区
4.27	ハンズビー	京都マルイ店	京都府京都市下京区
5.27	ハンズビー	フレル・ウィズ自由が丘店	東京都目黒区
6. 1	ハンズビー	グランデュオ立川店	東京都立川市
10	東急ハンズ	静岡店（FC）	静岡県静岡市葵区
2012. 4.18	ハンズビー	東急プラザ表参道原宿店	東京都渋谷区
4.19	ハンズビー	ダイバーシティ東京プラザ店	東京都江東区
9. 6	ハンズビー	東武百貨店池袋店	東京都豊島区
9.14	東急ハンズ	東京店	東京都千代田区
10. 4	ハンズビー	港北東急店	神奈川県横浜市都筑区茅ヶ崎中央
11. 8	ハンズビー	クイーンズスクエア横浜店	神奈川県横浜市西区みなとみらい

資料）社史編纂プロジェクトチーム編（1997）『手の復権』株式会社東急ハンズ、東急ハンズのホームページ
注）1.　広島店までは1996年10月現在の情報である。
　　2.　表には、海外展開（2012年4月開店の上海店やトラックマーケットは含まれていない。
　　3.　名古屋ANNEX店、名古屋店、静岡店はフランチャイズ形態での出店であった。
　　4.　空白は情報の欠落を意味する。
　　*　ナチュラボ1号店は2001年2月28日に池袋へ移設された。

第4章　デフレ経済下の東急ハンズ　71

開──1976〜2012年──

店舗面積（m²）	立地場所
2,220	藤沢東急ビル1〜2F
6,890	西渋谷東急ビル、1〜7F、B1・2F
4,350	江坂東急ビル1〜4F
10,327	まちだターミナルプラザ2〜8F+RF
6,390	住友生命ビル1〜7F
4,444	
5,800	1〜6F、B1・2F（M-1 SQUARE）
8,800	1〜7F、B1F
773	二子玉川東急ビル1〜2F
4,780	広島東映プラザ1〜7F
9,145	タカシマヤタイムズスクエア本館1〜7F
4,870	1〜6F
	町田東急ツインズイースト
6,400	JR名古屋タカシマヤ4〜10F
410	東京ベイららぽーと3
350	JR東京駅八重洲地下街
	メトロポリタンプラザ5F
422	東急スクエア別館
277	
2,289	DICEビル5F
2,300	北千住マルイ5・7F
478	丸の内オアゾB1F
3,500	東京ベイららぽーと
5,000	アーバンドックららぽーと豊洲1F
3,500	ららぽーと横浜2F
5,200	ダイエー4〜5F
2,500	柏高島屋ステーションモールS館専門店7・8F
3,000	マロニエゲート5〜9F
517	札幌ステラプレイス　センター5F
556	東急百貨店たまプラーザ店1F　イーストコート
413	マルイファミリー溝口8F
165	戸塚東急プラザ3F
260	アトレ吉祥寺B1F
450	西武新宿ペペ4F
170	アトレ秋葉原1 2F
230	中野マルイ3F
5,000	JR博多シティ1〜5F
6,000	大丸梅田店内10〜12F
2,500	あべのマーケットパークキューズモールB1F
210	京都マルイB1F
267	フレル・ウィズ自由が丘2F
570	グランデュオ立川6F
2,300	新静岡セノバ3F
640	東急プラザ表参道原宿5F
317	ダイバーシティ東京プラザ4F
510	東武百貨店池袋店B1F　9・10番地
2,500	大丸東京店8〜10F
850	港北東急ショッピングセンターB1F
970	クイーンズスクエア横浜［アット！］1st 3F

店舗一覧とニュースリリース等より作成。

権──東急ハンズ20年史』である。この社史は、資料的な価値も高く、1990年代半ばに至る経営行動の詳細な追跡を可能とし、本章も同書の記述やデータに依るところが少なくない。ただ、当然ながら、東急ハンズが店舗戦略を大きく転換する2000年以降の取組みに関する記述はない。もちろん、こうした指摘は、江戸時代の書物に明治維新の記載がないといった類の批判と同じだから意味はない。2000年代については、それ以外の情報を使って検討しなければならないだけである。

最近の東急ハンズを取り上げた文献は、和田（2009）以外に見当たらない[2]。和田は、1991年に入社し、仕入販売員として家具、素材、内装材、バス・トイレ用品、アウトドア用品などを担当した元社員である。彼の主張を一言でまとめれば、現在のハンズは、ハンズらしさを失ってしまった、となる。すなわち、顧客のニーズに徹底して応えるための幅広く専門的な品揃えというハンズの「基本」は、競合店の増加に伴う激しい価格競争の中で維持することが困難になった。その結果、品揃えは、売れ筋を意識するようになり、他店との差異を生み出してきた独自性を失いつつある。このような認識に基づき、和田は「東急ハンズはどのようにして生まれてきたのか？」「東急ハンズのコンセプトは何か？」という問いを立て、時計の針を巻き戻して「かつての東急ハンズ」を検証する。したがって、ハンズがなぜ、どのように変容しているのかといった点に関心はほとんど向けられない。

以上の研究状況を踏まえ、この章では、バブル崩壊以降における店舗展開と業態開発の検討を通して、東急ハンズが、いかなる試行錯誤を重ねて経営環境の変化に適応しようとしたのか、その挑戦を描いていきたい。分析に際しては、次のような時期区分をした。第Ⅰ期は、大型店舗の地方出店に着手した1995年から2000年であり、第Ⅱ期は、新たな業態の開発を模索した2000年から2004年、そして、第Ⅲ期がハンズビーという業態の積極的な展開に乗り出した2008年以降である。以下、第2節で、前史を含めて、第Ⅰ期と第Ⅱ期を、第3節で第Ⅲ期を取り上げる。第4節は結語に充てられる。

2　多店舗展開の胎動

(1)　大型・中型店舗の都心部展開と地方進出──1995〜2000年──
1) プロジェクト 10 作戦と出店条件—前史—[3]

　東急ハンズは 1981 年 10 月、多店舗化の推進を目的にして、総務部内に店舗開設準備プロジェクトチーム（PT）を新設した。他方、東急不動産もビル本部内にハンズ事業プロジェクトチームを発足させて、前者が「個別の出店計画」を、後者は「店舗展開の長期計画立案」をそれぞれに担うことになった。1982 年 4 月、東急ハンズは店舗開設準備 PT を店舗開店準備室に改組すると同時に、"横滑り"で配属された 7 名をそのままハンズ事業 PT に派遣した。要するに、ハンズの多店舗展開は、親会社の東急不動産を拠点にして検討されることになったのである。

　ハンズ事業 PT はほぼ 1 年後の 1983 年 3 月、「東急ハンズ展開策について──多店舗化元年にあたって『プロジェクト 10 作戦』──」をまとめた。それは、①東急ハンズの現在の位置づけと今後の目標、②目標達成のための検討課題、③ 6 店舗[4]以降の展開策、および④結論から構成される。このうち後の議論との関連で注目したいのは③である。その内容は以下の通り。

1. 店舗性格　都心型店舗
2. 店舗規模　売場面積は渋谷店並を確保
3. 収益目標　初年度売上高　50 億円、4 年度目　単年度黒字、6 年度目　累積赤字解消
4. 出店地域　首都圏および近畿圏

　表 4-1 によれば、フランチャイズ（FC）形態をとった ANNEX 店は中京地区だから微妙に外れているものの、1990 年 9 月オープンの横浜店までは、出店地域がほぼ「プロジェクト 10 作戦」の内容に沿っていることを確認で

きる。

2）中国地方への進出——広島店——

このように、東急ハンズは 1980 年代から「プロジェクト 10 作戦」に沿って、首都圏を中心に三宮や名古屋へと地域を拡げつつ多店舗化を進めていた。そうした方針は 1990 年代に入って、本格的な地方進出という形で変化していく。1995 年 10 月 7 日にオープンした広島店はその嚆矢となった。以下、『手の復権』を用いて、出店プロセスを追跡してみよう。

東急ハンズは、1980 年代後半のバブル景気とそれに伴う地価の高騰という環境の下で、政令指定都市を中心に新規出店に要する情報の収集を進めた。広島の案件は 1989 年 2 月に、東急グループで映画館等の娯楽施設の運営を手掛ける東急レクリエーションから、広島市の東映劇場の再開発ビル（広島東映プラザビル）にキーテナントとして出店してくれるよう要請があったことをきっかけに動き出す。ここで注目したいのは、同社が当初提示された物件の敷地面積が出店条件を満たしていなかったことを理由に難色を示した点と、東映が隣接地の買収によってこの条件をクリアしたことで、約 3 年後の 1992 年 5 月にようやく出店を決定した点である。これらは、東急ハンズが店舗面積の確保にこだわったことを意味する。

もう 1 つのポイントは、広島店の基本方針として、「ハンズの原点に立ち戻り、ハンズの基本姿勢を、明確に主張することにした」点にある。具体的にいうと、①「お客様第一の姿勢」、②「豊富な品揃え」、③「コンサルティングセールス」を前面に打ち立てた。その理由としては、1992 年 7 月に設置された広島店準備室がハンズの認知度を調査した結果、30％ という数値に止まったことが挙げられる。他店舗の開店前の調査では、三宮店 68％、横浜店 86％ という結果だったから、広島における知名度はきわめて低かったといえる。そのため、上述の「原点」回帰という方針を立てたのである。このうち②の「豊富な品揃え」に関して、東急ハンズは「地方都市への出店ということを全く意識せず、すべて既存店と同じ『幅の広さ』を強調するこ

7F	文具、デザイン用品、事務用品、ポスター／プリント・デザイン工房
6F	ホビー・クラフト、照明、電気部材、自然観察、園芸、ペット用品／体験コーナー、チームウエアオーダー
5F	木材、素材、道具・工具、金物、塗料／工房、キーコピー
4F	バス・トイレタリー用品、水道用品、接着・補修用品、クリーン・ランドリー用品、床材・壁材
3F	組立家具・部材、収納用品、カーテン・ブラインド、ベッドリネン
2F	キッチン用品、アウトドア用品、フィットネス用品／サイクル工房
1F	バラエティグッズ、ゲーム、パーティ用品／インフォメーション

資料）社史編纂プロジェクトチーム編（1997）、278 頁。

図 4-1　広島店のフロア構成

と」にしたという。たとえば、図 4-1 に示す広島店のフロア構成の 4 階部分にある接着・補修用品については、靴補修用品だけで 700 アイテムもの商品が用意された。その結果、同店は 15 万アイテム[5]、150 万点の品揃えを誇ることになった（社史編纂プロジェクトチーム編、1997、276〜279 頁）。

『朝日新聞』は、オープン初日に約 2000 人もの行列ができたと報じ、さらに朝 5 時から並んだ広島大学 2 年生・高田淳史の「学生には値段が高いけれど、凝った物がたくさんある。どこにでもある店でないので、広島にできてうれしい。都会らしくなった」という発言を掲載した（『朝日新聞』1995 年 10 月 8 日）。そして、広島店は 1996 年 3 月末に当初見込みの 160 万人をはるかに上回る 243 万人の客を集め、売上げは目標を 8 億円も上回る 44 億円に達したのである（『日刊工業新聞』1996 年 4 月 30 日）。「豊富な品揃え」は顧客の支持も集めたといえよう。

なお、1992 年 7 月、曽祢韶夫社長はインタビューの中で、「現在の出店計画は？」という問いに対し、「ここ（広島店＝引用者）が開店すれば、当初考えていた十店舗体制が確立することになる。それ以外では仙台、京都、札幌、福岡、千葉などの政令指定都市にも出していきたい」と答えた。また、東急ハンズは同年 12 月、営業推進本部から店舗開発課を開発本部として独立させるとともに営業本部への改組を実施し、店舗開発機能と営業企画・管理機能を分離している[6]。こうした一連の言動からは当時、東急ハンズが地

方展開に積極的だった様子をうかがえる。

　ここでは、広島店が、既存店と同水準の豊富な品揃えを基本方針に据え、実際にきわめて広範囲な商品を取り扱った点を記憶しておきたい。

3）北海道への進出──札幌店──

　次いで、1998年にオープンした札幌店について簡単に触れておこう。東急ハンズは1996年6月24日、札幌店準備室を設置し、室長に開発企画部、開発部などでキャリアを積んだ酒井俊司を任命した。酒井はその後、札幌店長に就く人物である。広島と同様、出店にあたっては、札幌で街頭アンケートを実施し、70％弱という知名度を確認している。

　酒井室長は、「『札幌はスポーツだけでなく彫刻や陶芸といった趣味も盛ん』。東京と同じ店舗を造るだけでなく、札幌にふさわしい『遊び心のある生活』を消費者に積極的に提案していきたい」と意欲を示した。こうした地域特性に合った品揃えが実際に行われたのかは不明だが、DIYに使う道具・工具をはじめ、キッチン用品、家具、文房具など12万強のアイテムを用意した。

　1998年3月14日には、開店前の10時に約2000人が行列をつくったため、10分早目にオープン、1時間で3000人を大きく上回る客が詰めかけ、入場制限を余儀なくされた。結局、この日の来客数は約4万3000人に達したという。札幌市内在住の公務員の女性は「押し花に使う超小型のピンセットが、やっと見つかった」と「満足げ」だったというから、ハンズらしいこだわりの品揃えが顧客のハートを捉えたといえる。しかし、酒井は開店後3ヶ月間に寄せられた「東京にある商品が札幌にない」という問合せを、札幌店の課題として最重視し、アイテム数を約14万まで増やすといった対策を講じた。都心店から取り寄せたとしても3日程度を要し、その間に顧客が逃げてしまうためである。他方で、オープンから3ヶ月くらい経つと、客足も落ち着き、しかも札幌市街からの来客が勢いを失ったとされる。これは、商圏が狭くなったことを意味し、リピーターの確保によって売上げを伸ばす必

要性を高める。そのためにも、アイテム数の拡充は有用な対策と期待されたのだろう（『日本経済新聞』1998年1月8日、3月15日、6月13日；『日経流通新聞』1998年6月18日）。

　札幌店のケースもまた、顧客が東急ハンズに求めたコトは、"お目当ての商品が見つかる"という品揃えの豊富さであり、同社もまた"東京基準"に沿った商品アイテム数の増強という形でその要請に応えようとしたことを示すのである。

4）都心の旗艦店──新宿店──

　第Ⅰ期の出店戦略を特徴づける大型店舗の象徴として、新宿店が挙げられる。表4-1の通り、1983年10月開店の町田店に次ぐ規模であり、しかも、同店が1999年2月に7フロアから4フロアに縮小（再編）されて以降は、最大級の規模を誇る旗艦店となった。

　東急ハンズの新宿進出は、1994年3月の高島屋からの出店要請に端を発する。当時、高島屋は、自らがキーテナントに決まっていた新宿新南口RCビル（現、タイムズスクエアビル）を、専門業態と一体化した複合商業施設として展開する計画を進めていた。同社は、取扱商品に重複が少ないことや、新宿の来街者を調査した結果、今後出店して欲しい店の1位に輝いたことなどからハンズに白羽の矢を立てたのである。この要請に対し、ハンズは、駅から徒歩2分という好立地と9145m² もの店舗面積の確保という点を評価して同年11月に正式に了承している。

　東急ハンズは、出店方針として、①「基本に忠実に、『ハンズそのもの』を表現」することと、②新宿店らしさを出すことを掲げた。後者は「守るところは守り、変えるところは変えるという姿勢で、『ハンズそのもの』をお客様の立場から見直したうえで、再構築していくという方針」だったから、商圏の特性に合わせて新たなハンズを創ることを意識したように思われる。実際、新宿店らしさは、品揃えを通じても追及され、既存店をベースにしつつ新商品の開拓が積極的に進められた。10代〜20代の来店客の多い渋谷店

7F	文具、事務用品、画材、デザイン用品／デザイン工房	
6F	木材、素材、クラフト、皮革製品、模型、ペット用品／工房	
5F	道具・工具、金物、塗料、接着剤、水道用品、照明、電気／キーコピー	
4F	家具、組立部材、収納用品、カーテン、ベッドリネン、床材、壁材／カーテン工房	
3F	キッチン用品、クリーン・ランドリー用品、バス・トイレタリー用品、フィットネス用品	
2F	アウトドア用品、トラベル用品、自転車用品、ポスター、園芸用品／サイクル工房	
1F	バラエティグッズ、ゲーム、パーティ用品、ラッピング用品、カード、フォトフレーム	

資料) 社史編纂プロジェクトチーム編 (1997)、282 頁。

図 4-2　新宿店のフロア構成

や池袋店とは異なり、新宿店は 30 代～50 代のビジネスマンや高島屋を訪れる大人の女性客も見込まれたからである。たとえば、ビジネスマンに対しては、ボールペンや手帳などオフィス用品を中心に据える一方、女性客に向けては、調味料やスパイス、調理用リキュール等の食品類を充実させたり、メーカーと共同開発した新シリーズのカーテンを導入したりした。選定に際しては、「こういう商品はハンズでは扱わないであろうという先入観」を取り去って、新規の仕入先を積極的に開拓したという（社史編纂プロジェクトチーム編、1997、281～285 頁）。

ところで、新宿への出店にあたり、東急ハンズの"コンセプト・メーカー"である浜野安宏は、1 階正面にハンズ独自の入口を設け、建物を「縦切り」にして下層階から上層階まで"占拠"することを提案した。それは、高島屋側が描いていた、ハンズを屋上のアミューズメント・フロアと自社の売り場の間に挟むという当初の「横切り」の構想とは大きな隔たりをもっていた。最終的に、浜野の提案が採用され、1 階から 7 階を占めたハンズ（図 4-2）と高島屋の売り場は同じフロアとして行き来可能になったのである（浜野、1997、86～87 頁）。

1996 年 10 月 4 日（予定より 20 分前倒しで）9 時 40 分にオープンした新宿店は、約 3 万 1000 人の客を集め、既存店の新規オープン初日を上回る売上げを記録し、幸先のよいスタートを切った（『日経流通新聞』1996 年 8 月 15 日）。

タカシマヤタイムズスクエアに関する『日経流通新聞』の調査によれば、

「施設の複合効果」は顕著に現れている。まず、電話調査の結果、高島屋以外の施設に対する知名度や利用意欲が高いことが明らかになった。知名度は、東急ハンズの 74.8% を筆頭に、紀伊国屋書店 64.6%、新宿ジョイポリス 52.4% と続く。また、ハンズと紀伊国屋は 70% 近くが「行ってみたい」と答えていた。次いで、来店者調査の結果、高島屋以外の施設を一番の来店目的と答えた人は 4 人に 1 人にのぼり、高島屋来客者のおよそ半数がハンズを、約 20% が紀伊国屋を訪れていた。量だけでなく、客層も高島屋の 40 代以上と、20 代以下の男性が相対的に多いハンズや紀伊国屋とはかなり異なっていたから、施設全体として客層が広がるとともに、顧客の相互交流により双方に新たな客層を呼び込むことが可能になったといえる（『日経流通新聞』1996 年 10 月 24 日）。そして、上記の縦切りの構造はこうしたヒトの流れを促したであろう。

ただ、翌 1997 年 4 月、佐山猛雄新宿店長は新聞紙上で「当初は高島屋の客層が大量に流れてきており、ハンズには初めて来たという人も多かった」ものの、そうした客が「リピーターとなっているかは疑問」であり、むしろ「ハンズを良く知っている客層に置き換わった」と述べていた（『流通サービス新聞』1997 年 4 月 4 日）。結局、「ハンズユーザーのもつイメージ通りの店」というコンセプトを反映して、「新宿店らしさ」は後景に退くことになったと考えられる。この指摘は、ハンズ業態で従来にない特色を出すことの難しさを示唆する。しかし、ハンズの知名度とブランド力は、複合商業施設を作る際、有力なテナント候補に名を連ねる大きな要因になり、それは、同社の業態開発に小さくないインパクトを与えるのである。

(2) 新たな業態の模索──2000〜04 年──

東急ハンズは 1997 年 5 月、2005 年までの出店計画を発表した。新規出店にあたっては、店舗面積 4000〜5000m² の中規模を標準とし、前出の札幌支店と 1999 年の心斎橋店以外に、福岡市、京都市、大宮市（埼玉県）、仙台市、千葉県内、東京都内に年 1 店ペースで出店することを内容としていた。

曽祢社長は、地価と工事費が下がり、出店コストを抑制できる期間に「赤字決算も辞さない覚悟で出店を急ぐ」と語った。実際、福岡市の天神地区については、テナントとして入居するビルを調査中、東京都内に関しては、東部地域の日本橋から上野の間、とくに秋葉原駅周辺を有力候補地として挙げたから、積極的な店舗展開を企図していたと考えてよいだろう(『日経流通新聞』1997年5月15日)。

しかしながら、表4-1に目を向けると、2005年にかけて千葉県以外に上述の地域へ出店した痕跡は確認できない。また、ハンズ業態での出店は4店舗しか行われていないのである。代わって、「業態」欄にはアウトパーツ、ナチュラボ、ハンズセレクト、ホーミィルーミィという新しい名称が登場する。これらの新業態は、いかなる狙いのもと、どのような店として展開されたのか。以下、ナチュラボを主な対象に検討を進めていく。

1) ターゲットの絞込みと専門化

ナチュラボは2000年5月11日に、東急ハンズの新業態の第2弾として、JR東京駅八重洲地下街にオープンした「健康関連専門店」である。基本コンセプトとして、「ヘルシーライフクリエイター」(快適生活の実現)を掲げ、350m²強の店舗内にビューティケア用品(アイテム数は約6300、以下同じ)をはじめ、ボディケア用品(約3000)、ヘルスケア用品(約2400)およびフィットネス用品(約1300)の4カテゴリーで約1万3000アイテムを揃えた。

従来の店舗と比べた場合、ナチュラボは小型店であり、それは表4-1の「店舗面積」欄からも確認できる。オープンの約3ヶ月前、曽祢社長は『流通サービス新聞』のインタビューの中で、業態開発の狙いとポイントとして、次の3点を挙げていた。

①「東急ハンズの業態はもともと出店可能な場所が限られているうえ、出店コストが高く、オープンまでの期間も3年近くかかる。2つ目、3つ目

の業態があれば、大規模商業施設への出店によるスムーズな多店舗化が可能になる」。

②「東急ハンズ店の中で坪効率、人件費効率の良いものが外に出ることになる。5月ごろに出店する2店目の新業態店については、4月にオープンするアウトパーツとは全く違ったものを考えている」。

③「新業態店については東急ハンズと同じ価格帯では販売しない。（今の市場環境の中で）一定の価格訴求ができなければダメ。新業態店は出店コスト、人件費も低いし、品ぞろえ的に東急ハンズの売りになっているカウンセリング部分もある程度切り捨てていくことになる。入居したテナントビルがバーゲンセールをやれば、我々も追随するつもりだ」（『流通サービス新聞』2000年2月15日）。

このうち、ナチュラボに当てはまる指摘は①と②である。つまり、東急ハンズは、コストを抑制しながら、スピーディに多店舗化を進めるために、店舗の小型化を選択したのである。それは、豊富かつこだわりの品揃えというハンズらしさと相いれない部分をもつ。この乖離をできるだけ小さくするべく、特定の分野に商品を絞り込んで深掘りした、つまり専門店を選択したと考えられる。

そうした絞込みに用いられたのが、先述の基本コンセプトである。阿久津仁プロジェクトチーム（PT）マネージャーは、業態開発の背景を次のように語っていた。すなわち、「既存店（ハンズ）で扱っている商品の中で、サプリメントやプロテインの動きがよかった。これをみると、21世紀は『健康』がキーワードになると実感できるとともに、今後は（食薬区分の）規制緩和によってハーブサプリメントが（海外から）どんどん入ってくるに違いない。しかし大型店で新しい試みを展開するには効率面がつきまとう。このため低コストで運営できる専門店を開設し、新しい取り組みをはじめた」と[7]。

ナチュラボの取組みとしてはまず、他店との差別化を図るために、代理店

を通じた輸入品の取扱いを重視した点に注目したい。具体的には、ドイツ製の「オランダガラシ」や「イチョウ葉」、フランス製のハーブティなど、液体、錠剤、カプセルというさまざまな形状の商品を取り揃えた。次いで、サプリメントだけでなく、ハーバル化粧品や「アンティアンティ」シリーズのように専門性の高い商品を取り揃えた。ハーバル化粧品については、「自然の薬草を用い、からだ自身の治癒力にアプローチするスキンケア。ハーブ美容法を施術する人は増えており、ハーバル化粧品の愛用者は増加傾向にある」と採用の理由を述べた。他にも、ビューティケア用品では、通信販売や専門店のみで扱われていた化粧品、あるいは無添加、低刺激性をウリにした固形石鹸を100種類以上も揃えるなど"深く、広い品揃え"を追求した(『Pharmaweek』2000年4月24日号、6月12日号)。

　以上のように、「健康」をキーワードにしたこだわりの品揃えによって、他店との差別化を図ったナチュラボは、オープンから1年も経たないうちに軌道修正を迫られる。それは、店舗の移転という形で顕在化した。すなわち、主要な顧客ターゲットに設定された「帰宅途中の(丸の内)OL」を充分に集められなかったために、2001年2月28日、西池袋のメトロポリタンプラザ5階へ引っ越したのである(『日経流通新聞』2001年2月20日)。

　この移転は、短期的ないし部分的には成功したといってよい。たとえば、『日本経済新聞』は、「売れ筋ウォッチ」の中で、「美容と健康を求め、高額でも評判の高い商品に人気が集まっている」として、ナチュラボの人気商品ランキングを報じていた[8]。メディアの注目を集めたという意味での"成功"である。いまひとつ、ナチュラボの多店舗化が報じられた点にも目を向けたい。『日刊工業新聞』は2002年7月、東急ハンズが8月に東京・渋谷東急プラザ、9月に京都・四条河原町、10月に仙川駅前ビルにナチュラボを出店し、「早期に10店舗体制を築く計画」と報じた(『日刊工業新聞』2002年7月9日)。さらに、新業態に関して、日下部二郎社長は同じ年に、以下のように述べていた。

「ハンズは一般小売業とは違う仕入販売制など特色のあるやり方でやっているため、人材の育成など、大きな店は出店がなかなか難しい。また、仕入販売制は個性を発揮するが、集約のメリットとなると大きくはない。そこで、これと違う形態があってもいいのではないかということで専門店を開発した。60～100坪ぐらいのもので MD（マーチャンダイジング──筆者注）効率化を図るものだ。これなら出店コストも大型店の40分の1ぐらいですみ、出店しやすい。立地さえ間違わなければやれる。集約化・効率化ということから大きく育てていきたい。──後略──」（赤澤、2002）。

この発言からは、ナチュラボに限られてはいないものの、小型店の積極的な出店を念頭に置いていたことを確認できる。出店条件の厳しいハンズ業態に代わる新業態には多方面からの期待が寄せられたのである。

2） 多店舗化の頓挫と新業態の苦戦

しかしながら、2002年1月開店の仙川店と2004年9月のアウトパーツとの複合形態による丸の内進出を除けば、ナチュラボの新規出店は確認できず、同業態の多店舗展開は頓挫したと解釈せざるをえない（表4-1）。築山明徳は、この2店をリポートし、ハンズという名称を用いていないことに加え、東急ハンズの「先輩たちが汗と涙でつくりあげた野性的な努力の爆発がこの2店には感じられない」ため、その成功には「疑問符が残る」と評価していた。とくにナチュラボは「普通の店と同じであり、お客は、この店を東急ハンズが経営していることを知らないだろう。──中略──何坪が適切か、アイテム数はどれくらいが適当かと、合理的な判断が先行し、現場から離れた『平均への回帰』が生じ、ハンズ本来の"お客が望むことに対応する"という基本姿勢が崩れている」あるいは「『ハンズらしさ』がない」と断じた。そして、「なぜ"ハンズ"というブランドを外してしまったのだろう？」と疑問を投げかけた（築山、2002）。

「手の復権」という東急ハンズのコンセプト（後述）を想起すれば、性格の異なる新業態の開発に際し、ハンズの名称を使わなかった意思決定そのこと自体を後から批判することは的を射ていないように思われる。多店舗化の点から見ると、築山の指摘はある意味で正しかったわけだが、ナチュラボはハンズビーを生み出す実験装置の役割を果たしたとみなせるから、試行錯誤の一環と捉えるべきだろう。

　とはいえ、ナチュラボだけでなく、ハンズセレクト バス&キッチンも、ホーミィルーミィも多店舗化しなかったことは無視できない。前者は、名称の通り、チタン製フライパン、そばや豆腐等の手作り用キット、湯桶、風呂用のイス、ホテル仕様のバスタオルといった「バス&キッチン」分野に品揃えを限定した業態であり、アイテム数を大型店の売れ筋商品約1万3000点に絞った小型店であった。店舗は横浜市青葉台の東急スクエア別館内に位置し、2002年3月にオープンした（『日本経済新聞』2002年2月20日；『日経MJ』2002年4月23日）。

　他方、ホーミィルーミィは、ショッピングセンター向けに開発された新業態であり、2004年11月、千葉県船橋市の東京ベイららぽーと内にテナントとしてオープンした。「ルームセンター」というストア・コンセプトの下、3500m^2の店内にキッチン、バス・トイレタリー、リネン（カーテン）、家具、照明、ヘルス&ビューティ（H&B）、ステーショナリー、イベントなど11ゾーンに分け、各売り場にゲートを設置し、「部屋から部屋へと進む感覚」を演出した。商品としては、本格的なDIY用品中心ではなく、雑貨や補修材を幅広く揃え、また、大型家具の品揃えを充実させた点と商品価格を平均で10～20％抑えた点で駅前に立地するハンズ業態と差別化を図った。こうした価格設定は、曽祢前社長のインタビューにあった③の実践といえるだろう。

　ホーミィルーミィは、オープン当初こそ好調な売上げを誇ったものの、わずか2ヶ月後には売上げの伸び悩みを理由に軌道修正を迫られることになった。メディアは、主力のベッドリネンやバラエティ雑貨を中心に取扱商品数

を 30〜40％ 増やす、一部の売り場のレイアウトを修正する、平日の集客策としてキッチン用品の実現販売を検討するといった「テコ入れ」策を報じた（『日経MJ』2004 年 10 月 8 日、11 月 26 日、2005 年 1 月 24 日）。資料上の制約により、これらの対策が実施されたのかは判然としない。ただ、同業態がその後新規出店されなかったことを考えれば、功を奏することはなかったと推察できる[9]。

3　店舗戦略の転換

(1)　銀座店の挑戦

　東急ハンズは、2004 年 11 月にナチュラボとアウトパーツの複合業態を丸の内オアゾ地下 1 階にオープンして以降、小型店の展開を事実上ストップし、中規模のハンズ業態を新規出店の中心に据えるようになる。数こそ多くないものの、その中に、既存店とは異なる店づくりに挑戦した銀座店が含まれる。以下では、このケースを取り上げて、東急ハンズが、いかなる方向に店舗戦略を転換しようとしたのかを検討していきたい。

　2007 年 9 月 1 日、読売新聞社を事業主体とする複合商業施設「マロニエゲート」内（5〜7 階）に東急ハンズ銀座店がオープンした。「GINZA HANDS（ギンザ・ハンズ）」なる「愛称」を併用したというエピソードが示す通り、この店舗は、従来のハンズ業態にないコンセプトをもってつくられた。それは、「女性の視点に立った店づくりと品揃え」である。マロニエゲートの地下 1 階から 4 階テナントが、同じショップ内でレディースとメンズ双方を扱うファッションないし雑貨の専門店であることに歩調を合わせ、「女性が男性と同伴して楽しめる雰囲気をつくり出すこと」を最重視した結果であった。

　主な顧客ターゲットを銀座、新橋、丸の内に勤める女性に設定しつつ、ビジネスマンや湾岸沿いに住む家族連れも視野に入れながらの店づくりである。

銀座店の特徴としては第1に、「各フロアに『情報発信ゾーン』を設け、高付加価値の商品を銀座店独自で選定し、消費者に提案」したことが挙げられる。「GINZA D.I.Y.」と名づけられた7階を例にとって、具体的な取組みを見てみよう。収納、クリーン、ランドリー、塗料、工具、各種素材、クラフトを主な取扱商品とする同フロアの情報発信は、①ハンズ・インスピレーション、②クリエイターズ・ワークショップ、③ストレージ・ショーケースの3つから構成される。

　①は「独自の視点による、暮らしや文化、クリエイティブの情報発信基地」であり、フリースペースとなっている。オープン直後の1ヶ月間は、「江戸意匠」をテーマに、各分野の職人と現代のクリエイターが共同で作成したシューレース（江戸組紐の靴ひも）やメモリキリコ（江戸切子のグラス）など140点の商品を展示販売した。②は「独創的なクリエイター作品などを紹介するハンズのワークショップ」である。開業から約半月、ビーズアーチストのウタ・オーノの作品を展示販売すると同時に、ビーズ売り場を隣接させて、ビーズを購入した顧客がDIYで実際につくれるよう工夫を凝らした。また、③では「整理整頓をスマートにこなす、機能的な収納アイテム」を提案し、いずれも、企画段階から女性スタッフが主導して設計されたスペースであった。

　第2に、ハード面でも女性を強く意識した試みがなされた。たとえば、内装に関しては、東急ハンズのイメージカラーである濃緑色を全面に出さず、シンプルで高級感をもたせたタイルを施した。さらに、什器も濃いグリーンではなく、重厚な茶色にしたり、その高さも女性の背丈に合わせて低めに設定したりした（『DIAMOND HOME CENTER』2007年10・11月号）。

　東急ハンズは、銀座という舞台で、新業態ではなく、ハンズ業態で女性重視の店づくりに挑戦したのである。

　しかし、この挑戦については、「銀座ハンズとしての提案」が見えず、「品揃えに一貫性や個性がなく、何を見てほしいのか、何を買ってほしいのかが伝わってこない」との厳しい評価がなされている。すなわち、「銀座という

場所に特化した新しいコンセプトの店作り」なのか、「東急ハンズとしての基本を堅持した店作り」をするのかが明確でないために、「コンセプトそのものが中途半端」だというのである（和田、2009、188～189頁）。

先に紹介した「GINZA D.I.Y.」の来店客の性別は、男性と女性で同じ比率であったとされる。この数値を通常、女性が足を向けないDIY関連の売り場にしては健闘していると肯定的に評価するか、女性向けの店舗に転換できていないと否定的に評価するかは意見が分かれるところであろう。

確かに、このケースは、顧客ターゲットを女性に限定した店づくりがハンズ業態では容易でないことを示しているように思われる。中島美博社長は開店当時のインタビューの中で、「比較的、男性色が強かった既存のイメージを『女性に向けたハンズ』を意識したコンセプトでデザインし、好評をいただいています」と自信をもって答えていた（『DIAMOND HOME CENTER』2007年10・11月号）。しかし、この時点で既存のハンズ業態を転換するような新しい提案はできていなかった。それは、既存店が、消費者から高い評価を受けていたためでもあった（後述）。

東急ハンズというブランドのもつ価値を使いながら、女性をターゲットにした店舗をつくる、それは、新業態という形で実現するのである。

（2）　1つの解としてのハンズビー

東急ハンズの店舗戦略が明確な形で変わったのは2010年であり、それはハンズビーの相次ぐ出店に示される（表4-1）。同社のHPは、以下のように紹介する。

> こだわり感、上質感を求める多くの都市生活者へ、hands beは「自分環境のクオリティアップ」をかなえるショップでありたいと考えます。一人ひとりのお客様に「日常の幸せ感」を感じていただけるような魅力あるアイテムをセレクトした、提案型ライフスタイルショップです。

同じくHPには、「一人ひとりにbeはある。なりたい自分をかなえるためのお店、それがhands be。」というコピーが据えられている。「be」に込められた意味は、この一文から読み取れる。名称に関して、重要と思われるのは、ナチュラボなど他業態と異なり、ハンズ（hands）という言葉を用いた点である。それは、ハンズというブランドの拡張であると同時に、ハンズを離れてゼロからブランドを構築することの難しさを示唆する。

ハンズビー業態の本格的な多店舗展開の直前に当たる2009年時点でも、東急ハンズは消費者の高い支持を集めていた。たとえば、日経リサーチが2009年7月から8月にかけて、全国の16～69歳の男女1万6449人を対象にインターネットを通じて実施した「ストア＆サービス顧客接点評価調査[10]」において、東急ハンズは総合ランキング第1位に選ばれた。当然、無印良品（4位）、ロフト（7位）、フランフラン（11位）、アフタヌーンティ・リビング（14位）を抑えて、である。分野別ランキングでも、「商品・サービス」と「コミュニケーション」で青山フラワーマーケットに次ぐ2位につけた[11]。ハンズというブランドは、依然として輝きをもっていたといえよう。

では、新業態であるハンズビーの特徴はどこにあり、何を狙っているのか。本項では、この点を検討していきたい。

1）店舗規模の転換

ハンズビー1号店は2008年6月2日、JR札幌駅に直結したJRタワー内の大規模商業施設「札幌ステラプレイス」のセンター5階にオープンした。なぜ、ハンズ業態で出店しなかったのか。東急ハンズの小池康章専門店事業部長はその理由を次のように回顧する。

「札幌ステラプレイスの面積は150坪しかなかった。だから東急ハンズの大型店では当然無理。それで3つの専門小型店も考えたのですが、ヘルス＆ビューティーもバッグも生活雑貨も単一カテゴリーの専門店は、競合

他社でも多く展開しており、非常に競争が激しいので厳しいだろうと判断した。そこで単一カテゴリーではなく複合型小型店の新業態を開発しようと考えました」(『激流』2011年4月号)。

　この発言から、ハンズ業態はスペースの点で厳しかったことをうかがえる。そして、東急ハンズは2008年5月、2009年度を初年度とする3ヶ年計画の柱の1つに小型店の展開を挙げ(『日経MJ』2008年5月23日)、札幌での約1年間の「実験」を経た2010年以降、ハンズビー業態の多店舗展開に乗り出したのである。

　表4-1を見ると、ハンズビーの店舗はハンズ業態の10分の1にも満たない面積であることがわかる。中には戸塚店やアトレ秋葉原店のように100m²台もある。要するに、特徴の1つはコンパクトさに求められる。それは、立地上の制約の緩和と投資額の抑制により、機動的かつ積極的に店舗数を拡大するためと考えてよい。他方で、店舗の小型化はデメリットも併せもつ。

　大型店舗は、品揃えの豊富さで集客力を向上できる。消費者は、生活雑貨の購入に際して、複数の商品を比較したうえで決定する傾向があるので、価格や店舗の利便性に大きな差がない場合、商品の比較可能な品揃えをもつ大型店に足を向けるといわれる。ただし、消費者の負担する移動コストや探索コスト、小売企業側の運営コストを考慮すれば、大きければ大きいほど効率性が高まるとはいえない。ただし、商品特性、地域特性等あるいはそれらの変化といった供給サイド、需要サイド双方の条件によって変わってくるものの、適正規模はある（小本、2000、59〜61頁）。

　このような注釈付きではあるが、大型店から小型店へのスイッチは、ハンズ業態とは異なる戦略ないし施策を求めるようになる。それは、顧客ターゲットの設定から品揃え、施設、そして販売促進活動へと広がっていく。

2) 顧客ターゲットの転換

　ハンズビーのいまひとつの特徴としては、20代から30代の女性にメイン

ターゲットを絞った点が挙げられる。前出の小池部長は取材の中で、これまでは「なかなか女性向けにかじを切れずに来た」が、「日本の消費の主役は女性だということを、もっと真っすぐに受け止めなければならない」と述べていた(『日経MJ』2010年7月7日)。

　こうした認識はごく自然であり、気づくのが遅すぎたとすらいえる。というのも、女性を"消費の主役"とみなす言説は、1980年代からメディアで頻繁に論じられるようになり[12]、2000年代に入って以降、数値をもって確定されるようになったからである。とくに2000年代末に注目されたのが、「アラフォー」(アラウンド・フォーティ)と呼ばれる40歳前後の世代である。この言葉は、2008年4月クールにTBS系で放送された天海祐希・藤木直人主演『Around 40──注文の多いオンナたち──』というドラマで用いられ、同年のユーキャン新語・流行語大賞(受賞者は天海)に選ばれた。「アラフォー」の女性は、男女雇用機会の第1世代であり、有職率が高く、未婚ないしDINKS(共働きで意識的に子どもを持たない夫婦)も多い。そのため、親と同居している場合、「月10万円以上20万円未満を自由に使える」割合は36%に達し、20万円以上も5%にのぼった(牛窪、2009)。

　2005年の国勢調査によれば、「アラフォー」を中心とする30歳から45歳の未婚女性は約282万人、同世代の子どものいない既婚者は約296万人で計578万人を数える。つまり、かなりのボリュームをもつのである。のみならず、東京に比較的集中する傾向がみられ、たとえば、30代前半の女性の未婚率は32%、30代後半で18%、40代前半で12%だが、東京に限定するとそれぞれ46%、26%、20%に上昇する。とくに意外性のある数値ではないものの、東京に可処分所得の多い女性が集まっていることは、ハンズビーの出店地域を考えるうえで大切なポイントのように思われる。

　博報堂研究開発局上席研究員の山本貴代は、晩婚・晩産の働く女性を「晩嬢」と命名し、その消費行動を調査している。山本は、都内の20代から40代前半の「ある程度の規模の企業に勤めるOL」113名を対象に、アンケートのやりとり(「メール文通法」)などを通じて「晩嬢」の「本音」に接近す

る。そのやりとりの中には、「経済的な困難だという実感はまったくありません」「よーく考えると特に節約していることがないんです。不景気関係ないです」といった意見が少数ながらみられたという。また、彼女たちは、「自分を豊かに保つ消費」、すなわち、旅行、エステ、交際費、美容、美食、ファッションなどへの支出は削りたくないと考え、「沈んだ自分を持ち上げるために」あるいは「自分を高めるために」という両極の目的から消費すると述べる。

「晩嬢」は、消費に際して「買うための口実」を重視する。それは①「ご褒美消費」、②「馬にんじん消費」、③「悲劇のヒロイン消費」の3つに分類できる。いずれもほぼ用語そのものの意味なのだが、①はがんばって成果をあげた自分に対する「ご褒美」として、②は次の仕事でかんばるために、③はがんばったけれど十分な成果をあげられなかった自分をなぐさめるために、贅沢な、あるいはそれほど贅沢でないモノ・サービスを消費する。山本は、「なんだかんだ口実を見つけ、自分に言い聞かせ、どこかで辻褄を合わせようとするのが晩嬢流であり、見返せば、欲しいものはとにかく手に入れているのが現状」と評価する（山本、2009）。

おそらく、ここで論じられる女性たちは、日常生活についても自分のスタイルをもち、化粧品はもちろん、お弁当箱にも、手帳にも、"なりたい自分"を反映させるのだろう。その琴線に触れる商品を並べなければ、小売店は支持を得られない。

このような経営環境の中で、東急ハンズは遅ればせながらハンズビーという新たな業態開発に本腰を入れる。その狙いは、「比較的金銭面に余裕があって購買意欲も高く、これらの女性たちに強く訴求して購買意欲を刺激するようなショップ」を創り出すことにあった。彼女たちが「日常的」に利用しやすいように、都心の駅前型ショッピングセンター（SC）ないし駅ナカに出店したのである。実際、来店客の90％近くを女性が占めたという（『SC JAPAN TODAY』2011年11月号）。

3）何がスイッチングを遅らせたのか？

　ここで問われるべきは、なぜ東急ハンズは、顧客ターゲットの転換に大きく後れをとったのかという点である。

　1つの仮説を示せば、それは、「手の復権」というハンズのコンセプト[13]が受け継がれ、あたかもDNAのように強く根づいたことに起因すると考えられる。前出の浜野安宏は、東急ハンズのプロジェクトに関して、以下のように述べていた。

「あらゆる文化は、『手』によってつくられる。真の創造は最終的には『手』によってなされる。『手』を忘れることは文化の原点を忘れ、人間性を見失うことである。このプロジェクトは、『手』を通じて『新しい生活のあり様』を提案し、『文化』の本質的な復権を願って企てられたものである」

「文化の復権という大義名分は、男のロマンティシズムを回復させ、文化的不毛の近代文明の胎内へ、もう一度男のロマンティシズムの血を還流させることにある。このプロジェクトは、男の文化の何たるかを明確にするものであり、そこから生まれた一軒の大型専門店は、男たちが『わくわくする』『一日中でもそこに居たい』という空間であり、売場でなければならない」（株式会社浜野商品研究所、1981、136～138頁）。

　ハンズは、男性の「空間」として構想されたのである。そうしたコンセプトに沿った店づくりの"成功"は、ある程度データで裏づけることができる。

　1つの例証として、『日経MJ』が2005年10月24日に発表した「ストアブランド調査[14]」の結果が挙げられる[15]。ストアブランドは、①「経験価値指数」、②「ブランド求心力」、③「商品・サービスの魅力」、④「店舗・施設の魅力」、⑤「情報・デザインの魅力」、⑥「従業員の魅力」といった指標から成る。このうち①は、18項目への評価に基づいて50を平均とした偏差

値としてスコアを算出し、「エモーション（感情体験）」、「プレゼンス（存在感）」および「パフォーマンス（品質体験）」の3分類についても集計される。

　東急ハンズは、「ストア魅力度（経験価値指数）」で総合、男女別いずれも東京ディズニーランド・シーに次ぐ2位、ブランド認知者に絞った場合でも同じく東京ディズニーランド・シーに次ぐ2位にランキングされた。東京ディズニーランド・シーの数値は総合で130.77、男性で124.51、女性で132.13、ブランド認知者に絞ると126.02であったのに対して、東急ハンズはそれぞれ97.73、99.04、93.52、93.42だから、かなりの開きがある。とはいえ、女性に限定した場合、"ライバル"と目される無印良品（6位）やフランフラン（16位）、ロフト（17位）、Afternoon Tea（20位）だけでなく、エルメスやルイ・ヴィトンといったラグジュアリーブランドをも上回っていたから、高い「価値」を提供したと女性の消費者に受け止められていたことは間違いない[16]。これは、男性の「空間」というコンセプトの根づいたハンズが、女性の高い支持も受けるような「空間」へと変容していたことを意味する。だから、女性を顧客ターゲットに据え、コンセプトを再構築する必要性をあまり感じなかったのかもしれない。

　同様に、「ブランド利用意向」、「ブランドプレミアム」、「ブランド推奨」および「ブランドリレーション」の4項目から算出される「ブランド求心力」は4位にランキングし、19位のロフトに差をつけ、「商品・サービスの魅力」で5位につけ、無印良品（7位）を上回った。しかしながら、利用経験者に絞った「ストア魅力度」は11位で東京ディズニーランド・シーのみならず、フランフラン（10位）にも抜かれた。また、「情報・デザインの魅力」は27位で無印良品（21位）に後れをとっており、「店舗・施設の魅力」も29位とAfternoon Tea（16位）に大きな差をつけられた。

　これらの結果は、ブランド価値は高いが、課題も少なくないハンズの姿を映す。しかし、東急ハンズは戦略の転換に迅速かつ大きく舵を切ることができなかった。それは、この調査以降も高い支持を受け続けたからと考えられ

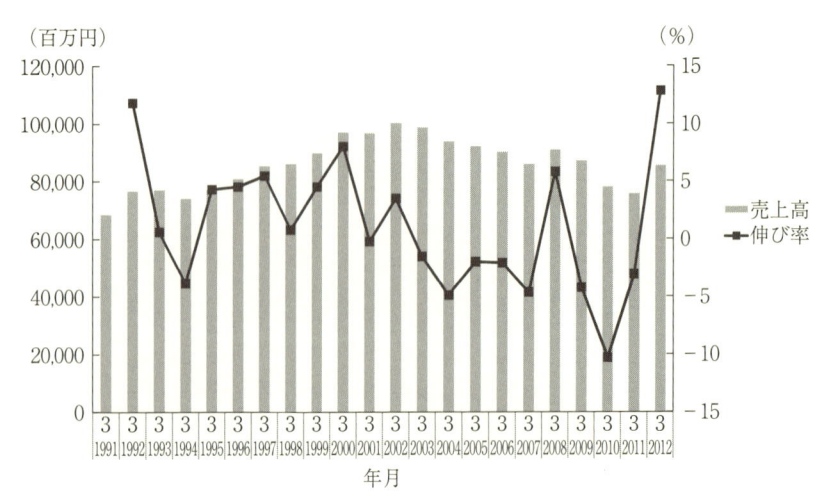

図 4-3　東急ハンズの売上高の推移

資料）社史編纂プロジェクトチーム編（1997）、310 頁、東洋経済新報社『会社四季報　未上場版』各期より作成。

る。少なくとも、2009 年時点でもその人気に陰りは見られなかったことは、前述の通りである。

　したがって、ブランド価値の視点から直線的に業態転換を説明することは難しいだろう。ここで目を向けたいのは、そうした"人気"にもかかわらず、東急ハンズの経営状態が好調とはいえなかった点である。非上場企業であり、かつ財務内容をほとんど公表していない同社の業績を把握することは容易ではないが、図 4-3 に掲げた売上高とその伸び率だけを見ても、2000 年代に入って以降、苦戦を強いられた様子は確認できよう。すなわち、2002 年 3 月期は 1000 億円を突破し最高の売上げを記録したものの、それ以降は 5 期連続で減収となっている。2006 年 11 月には、親会社の東急不動産が本格的な経営再建に乗り出すとの報道も見られた[17]。2008 年 3 月期こそ対前年比 5.8％の増収に転じたとはいえ、1 億円前後の黒字を計上する見込みと報じられたに過ぎず、収益性はきわめて低かったと推測される[18]。ここに至って、ハンズ業態中心の事業展開は限界がきた、そうした認識が東急ハンズ

の経営陣の中に強く芽生えたのではないだろうか。それが、ハンズビーという新業態の積極的な出店を促したと考えられよう。

4）品揃え、販売促進、そして施設

　先述したハンズビーの志向は、ナチュラボと同じように見える。ただ、ハンズビーは、ナチュラボの経験を踏まえて生まれた業態だから、焦点は、両者の差異に合わせるべきだろう。

　顧客ターゲットを男性から女性へ、規模を大型店から小型店へと転換したことは、品揃えに変更を迫った。店舗面積に限りがあるため、何でも見つかるといった幅広いラインナップを揃えることができないからである。しかし、あまり専門性を高めるとマーケットが広がらない。そこでハンズビーでは、化粧品、キッチン用品、ステーショナリー（文具）を軸に大型店で人気のあるアイテムを揃えた。重要なのは、ビューティ＆ヘルスに特化したナチュラボとは異なって、生活関連商品を組み合わせた点である。小池部長の発言にあった通り、競争の熾烈な単一カテゴリーではなく、「複合型小型店」として品揃えをしたのである[19]（『激流』2011年4月号）。

　もちろん、日常生活に彩りを添えるこだわり感をもった商品を、である。メディアの表現を借用すれば、「キュートでちょっぴり個性が光っているステーショナリー類、明るい色遣いで使っているうちに料理が楽しくなりそうなかわいらしいキッチングッズ、そして昼食として弁当を持参するOLが増えていることから色とりどりの弁当箱やマグボトル」などが並ぶ（『SC JAPAN TODAY』2011年11月号）。ハンズビーは、美容と健康に特化したナチュラボとは違って、仕事と余暇を含む日常生活全体をカバーする商品を取り揃えることで、「提案型ライフスタイルショップ」を実現させたのである。その意味で、ハンズビーは、「ライフ・スタイル・ストア」というハンズの原点（コンセプト）に立ち返った業態とみなすこともできよう。

　ここで注意したいのは、20代から30代の女性と一口にいっても、学生と社会人、あるいは独身と既婚といった具合に属性は多様であり、地域によっ

てもかなり異なる点である。そのため、たとえば、住宅地の駅前に位置するたまプラーザ店の場合、キッチン用品は「レンジにかけて焼き魚を作れる皿など便利グッズ」を中心に据え、高機能の鍋や包丁は扱わない。これは、「気軽に買ってもらえる手ごろな価格の商品」を充実させ、住民の日常的な来店を促すことを狙った品揃えであった。また、同店は化粧品の比重が過半に達するが、この点も、入居する東急百貨店たまプラーザ店の利用者に30代の女性が多く、かつ近隣に化粧品専門店が少ないことが考慮された（『日経MJ』2010年7月7日）。

　他方、中野マルイ店は2011年1月、全6000アイテムのうちヘルス＆ビューティ（H&B）60％、ステーショナリー25％、キッチン・生活雑貨15％という商品構成でスタートを切った。H&Bについては、オーガニック系とナチュラル系に重点を置き、壁面を「スイス発オーガニックコスメのパイオニア」（HPより）の「ヴェレダ」をはじめ、同じくオーガニック系の「オーブリー」「ロゴナ」「ドクターハウシュカ」やナチュラル系の「フレッシュミネラル」のブランドで飾り、前面のプロモーションコーナーでは「ロードマラケシュ」を展開した。その狙いとして、小泉美栄子専門店事業部専門店営業プロジェクトチーム（PT）マネージャーは「都市型店舗では以前からオーガニックなどの植物由来の化粧品のニーズが高かった。日常のストレスを香りや植物のやさしさで癒すH&B製品を求めている人が多く、この分野のアイテムを豊富に揃えた」と語った（『週刊粧業』2011年3月7日号）。

　この2つの店舗に共通するのが、販売促進手段として紙製店頭販促（POP）を活用している点である。たまプラーザ店では、お薦め商品の陳列棚の上に「レコメン」と書かれたPOPを付け、使用法や人気の理由などをわかりやすく伝えた。同様に、中野マルイ店も、スタッフが手づくりのPOPで、商品の使用感やセールスポイントを訴求し、商品選びをサポートしていた。これは、目的来店型の顧客の多い大型店とは異なって、フラッと立ち寄る「初心者」の関心を引くことを狙った試みといえる。

　他方、ハード面では、濃いグリーン地に白というデザインのハンズ業態と

異なり、ロゴにエメラルドグリーンを使って女性的な柔らかさを演出したほか、店内もアースカラーやナチュラルカラーを配色して安心感や居心地の良さを訴求している。こうした色使いの変更が銀座店で実施されたことは先に述べた通りである。また、札幌店（1号店）での「実験」を踏まえて、たまプラーザ店では、女性が商品を見やすくなるよう目線を低めに設定し、高さを135cmに抑えたハンズビー専用什器を導入した（『日経MJ』2008年5月23日、2010年7月7日；『週刊粧業』2011年3月7日号；『月刊激流』2011年4月号；『SC JAPAN TODAY』2011年11月号）。

　ハンズビーは、同じく若い女性をターゲットにした小型専門店・ナチュラボの経験、そしてハンズ業態で女性重視の店づくりを試みた銀座店の経験を活かしながら、生活関連商品を複合的に取り揃えて、ハンズの原点である「ライフ・スタイル」を提案できるよう設計された、試行錯誤の末に1つの解として創り出された新業態と評価できよう。

4　結語

　以上、店舗展開と業態開発に焦点を合わせながら、デフレ経済下の東急ハンズの経営行動を追跡してきた。最後に、分析結果をまとめておこう。

　東急ハンズは1990年代に入って以降、それまでの首都圏と近畿圏という出店条件を変えて、広島と札幌という地方都市への出店を実現させた。店づくりに際して、重視されたのは「ハンズの原点」ないし「ハンズの基本姿勢」、つまり"東京基準"に沿ったハンズらしさの再現であった。それは、顧客が豊富かつこだわりの品揃えを求めたからであり、ハンズもそこに競争力の源泉があることを強く自覚していたからであろう。この点は、新宿店にも共通している。すなわち、渋谷店や池袋店との顧客特性の相異を意識し、「新宿店らしさ」を追求した店づくりを行ったものの、リピーターの確保のためには"ハンズらしさ"に舵を切り直さなければならなかったのである。図4-3に示すように、これらの新規出店は、増収という形で結果を残してお

り、東急ハンズは1990年代に、ハンズ業態の新規出店を通じて成長を図ったといえるだろう。

2000年以降、東急ハンズは新たな業態の開発を試みる。それは、ナチュラボ、アウトパーツ、ハンズセレクトおよびホーミィルーミィの失敗と、ハンズビーの"成功[20]"といった具合に明暗を分けた。小型店に若い女性を顧客ターゲットにした品揃えをした類似の業態であったにもかかわらず、なぜナチュラボの多店舗化は頓挫し、ハンズビーのそれは"成功"しつつあるのかという点は改めて確認しておかなければならない。

美容と健康に特化したナチュラボは、同種のライバル（THE BODY SHOPなど）との激しい競争によって苦戦を強いられた。つまり、小型店で品揃えが制約されるからといって、単一カテゴリーの専門店を軌道に乗せることは難しかった。それに対して、ハンズビーの品揃えは、仕事と余暇を含む日常生活全般をカバーし、小型店でありながら、ハンズの原点である「ライフ・スタイル」の提案、言い換えれば、"ハンズらしさ"を一定程度実現したのである。同時に、ロゴや店内の色使いは、ハンズ業態と違う柔らかい配色を心掛けたり、什器の高さを女性目線に合わせたりするなど、ハード面にも工夫を凝らした。「一人ひとりにbeはある。なりたい自分をかなえるためのお店、それがhands be。」の目指す姿なのである。

その挑戦は始まったばかりであり、試行錯誤は続いている[21]。その"成功"からカッコが外れる日はいつ訪れるのだろうか。

注
1) もちろん、東急ハンズの変容は、出店戦略と業態開発に限定されるわけではない。とくに、同社のプライベートブランド「ハンズセレクト」の展開、本部一括（共同）仕入れの部分的導入や全店共通の販売促進活動、「エリアブロック制」といった経営の効率化を狙った諸施策は重要な論点である。したがって、この論文は、ハンズの変容の一端を示すに止まる。
2) ジャーナリストの手によるレポートはある。たとえば、赤澤（2002）は、この論文で焦点を合わせる新業態にもごく簡単に触れている。
3) 以下は、社史編纂プロジェクトチーム編（1997）96〜97頁による。
4) 具体的には、既存店の藤沢店、二子玉川店、渋谷店に計画進行中の江坂店、町田店および池袋店を加えた6店である。

5) ただし、都心店と比べて6万近く少ない12万アイテムしかないため、家電製品を限定したり、プロパー売り場と商品の重複するトラベルコーナーを省略したりしたとの報道もある（『日刊工業新聞』1996年4月30日）。
6) この組織再編に伴って、広島準備室は開発本部に吸収された（『日経流通新聞1992年7月23日、1992年12月8日）。
7) この発言にある規制緩和は、1998年3月31日の厚生省医薬安全局長通知「いわゆるハーブ類の取り扱いについて」を指す。この通知により、エキナセアやエゾウコギなど168種類の医薬品的な形状を認める措置がとられ、ハーブサプリメントに対する関心が高まったのである。
8) ちなみに、1位のBOWS（8800円、カッコ内は価格、以下同じ）と2位のハリウッド48時間ミラクルダイエット（8800円）はダイエット補助食品、4位のニワナ（1万3800円）はシミや皺の原因となる活性酵素を減らす作用をもつ商品であり、比較的高価格であった（『日本経済新聞』2001年10月18日）。
9) ホーミィルーミィは2009年4月、東急ハンズららぽーと船橋店に変更された。
10) この調査の対象は、小売業や外食産業、サービス業など251ブランドであった。
11) ただし、接客・アフターサービスではトップ10にランキングしていない（『日経MJ』2009年11月4日）。
12) 日本では1970年代以降、女子の高学歴化、長期就業率の増加、晩婚化が始まる。それは、女性にとって学生の時間と未婚で働く時間の長期化が進んだことを意味し、消費の担い手として存在感を高めることに繋がっていく。彼女たちの消費は、それ以前と異なり、生活必需的でない商品を選び、その過程で「カワイイ」を再概念化し、大衆消費社会に浸透させる動力となったのである（須川、2013、104～105頁）。この点を詳しく論じる余裕はないので、他日を期したいと思う。
13) 東急ハンズのストア・コンセプトについては、加藤（2013）を参照。
14) この調査は2005年8月下旬、全国の16～69歳の日経リサーチインターネットモニターを対象に、500ブランドについて、20ブランドごとに調査票を分けて実施された。総回答数は1万5313人、1ブランドあたりの回答者数は約600人であった。
15) 以下の記述は、『日経MJ』2005年10月24日を参照した。
16) もう少し詳しくみると、「エモーション（感情体験）」で6位、「プレゼンス（存在感）」で2位、「パフォーマンス（品質体験）」で7位であった。
17) 具体的には、ハンズ渋谷店の入居する西渋谷東急ビルの土地建物を不動産投資ファンドに譲渡し、その売却益を使って、ハンズ藤沢店の閉鎖や新規出店といった事業再構築を進めるとされた（『日本経済新聞』2006年11月11日）。
18) 前期は4億円の赤字と報じられており、黒字転換の要因も店舗の統廃合といったリストラクチャリングにあったとされるから、構造的に収益をあげる仕組みを再構築できていたとはいえない。2012年には二子玉川店（6月）と藤沢店（12月）が閉店となった（『日経金融新聞』2007年8月3日）。
19) 品揃えにあたっては、ハンズビー専属のバイヤーがハンズの既存店で取り扱う約10万アイテムの中から出店地域の特性に合わせて約6000品目を選定する（『激流』2011年4月号）。
20) この"成功"は、多店舗化の実現と他業態からの転換という意味に限定される。ただし、後者はとくに重要と思われる。たとえば、ナチュラボ仙川店は2011年7月、ナチュラボ アウトパーツ1号店とハンズセレクト バス＆キッチン青葉台店は2011年9月にハンズビーに転換し

た(表 4-1)。
21) たとえば、店舗規模に関しては、2012 年 3 月に標準サイズを従来の 100〜500m² から 600〜1000m² へと大幅に引き上げた。それは「あまり狭いと強みの提案型売り場をつくりにくい。競争力を高めるためにはある程度の規模が必要」(榊真二社長) との理由からであった。また、ハンズ業態の商品部が選定した商品ではなく、ハンズビーを担当する専門店事業部のバイヤーが独自に仕入れる商品を増やすことを決めた (『日経 MJ』2012 年 3 月 28 日)。

参考文献

赤澤基精 (2002)「『ハンズ文化』でブランド確立、絶大な集客力誇る東急ハンズ」『流通とシステム』第 113 号。

牛窪恵 (2009)「冷え込む個人消費 アラフォー女性は救世主か」『エコノミスト』2009 年 3 月 3 日号。

加藤健太 (2013)「東急ハンズの誕生と浜野安宏──ストア・コンセプトの設計──」『高崎経済大学論集』第 55 巻第 4 号。

株式会社浜野商品研究所 (1981)『コンセプト&ワーク』商店建築社。

小本恵照 (2000)『小売業店舗戦略の経済分析』NTT 出版。

社史編纂プロジェクトチーム編 (1997)『手の復権──東急ハンズ 20 年史──』株式会社東急ハンズ。

須川亜紀子 (2013)『少女と魔法──ガールヒーローはいかに受容されたのか──』NTT 出版。

築山明徳 (2002)「店名=ブランドは武器──東急ハンズ専門業態『アウトパーツ』『ナチュラボ』に学ぶ②──」『商業界』2002 年 7 月号。

浜野安宏 (1997)『エンターテインメント感覚──停滞するビジネスを再生する 60 のヒント──』ダイヤモンド社。

山本貴代 (2009)「晩婚で働く女性『晩嬢』が不況ニッポンの消費を救う」『エコノミスト』2009 年 6 月 2 日号。

和田けんじ (2009)『"元祖"ロングテール 東急ハンズの秘密』日経 BP 社。

第5章

地方都市における宿泊業のデフレ経済への対応

西野　寿章

1　はじめに

　高崎市は、江戸時代の中山道宿場町として、明治以降は鉄道交通の要衝として発展し、現代に至っては高速交通網の要衝となり、その地理的特性を活かした内陸商工業都市として発展してきた。1982（昭和57）年に上越新幹線が開通したものの、高崎駅前は未整備状態が続き、駅前再開発が進められたのは1987年以降のことであった（西野、2012）。この駅前再開発によって、群馬県の玄関口にふさわしい整備が進められ、駅前に多様な商業施設が立地することになった。その代表的な施設にホテルがある。バブル経済の生成も相まって、高崎駅前には地元資本のホテルが再開発ビルに入る一方、大手チェーンホテルも進出してきた。しかし、バブル崩壊後の長引く経済不況とデフレ経済の継続は、高崎市で操業を続けてきた企業の再編成を推進し、大手企業の工場の撤退が見られるようになり、地域経済に大きく影響を与えた（西野、2004）が、2001（平成13）年以降になると駅前や高崎市中心部へのビジネス系ホテルの進出が相次ぐようになり、激しい市場獲得競争が繰り広げられるようになった。その陰で、駅前再開発に伴って進出した大手ホテルチェーンでは飲食部門の閉鎖が行われ、街角から明かりが消え、地方都市におけるホテル業の先細りが感じられるようになった反面、2012年までホテルの新規立地が続いてきた。

　ホテル産業は、幅広い産業連関性を有することから、ホテル経営の盛衰は

地域経済に大きな影響を与える。そもそもホテル産業が地域に進出してくるのは、その地域に十分な宿泊需要があると見込まれるからであるが、経済の右肩上がりの時代が終わった現在、地方都市で宿泊需要が増加する要素は見つけにくい。それゆえに、高崎市におけるビジネス系ホテルを中心とした進出劇に関心が高まる。そこで本章では、こうした高崎駅周辺のホテル立地の変動を捉える中で、地方都市に立地した宿泊業のデフレ経済への対応を明らかにする。

2 高崎市における宿泊施設の立地変化

　中山道高崎宿は、江戸から北上してきた中山道と北国街道の分岐点として、「お江戸見たけりゃ高崎田町、紺ののれんがひらひらと」と歌われたほどの賑わいを見せていたといわれている。1904 (明治37) 年に刊行された『高崎繁昌記』によれば、1902年頃の高崎市の旅人宿は50軒を数えていた。やがて鉄道時代がおとずれ、高崎市は高崎線、上越線、吾妻線、両毛線、八高線、そして上信電鉄の各路線が乗り入れる交通拠点となり、商店街が発達し、北関東における拠点性を高めた。戦後は、高崎市の持つ拠点性によって卸小売業がさらに発展し、高度経済成長と伴って内陸工業地域としての地位も高めていった。こうした高崎市の拠点性は、宿泊業を発達させてきた。その宿泊業は、一定の時期まで駅前旅館に代表される商人宿が中心であり、地域外資本が流入してくることは少なかった。上越新幹線が開通すると、地域外資本の流入が相次ぎ、地元資本による近代的なホテルの建設も駅前に行われるようになったが、まだ少数であった。そしてバブル経済期には、駅前再開発にあわせていくつかのホテルが開業するようになり、群馬の玄関口としての体裁も整えられたが、日本経済がデフレ状況に陥ったとされる2001 (平成13) 年以降、全国でチェーン展開するホテル資本の進出が相次いだ。ここでは、1980 (昭和55) 年以降の高崎市における宿泊業の展開過程と現状を考察する。なお、高崎市は2006年、2009年に合併を行っているが、本章での

対象は、合併前の高崎市の区域内（以下、旧高崎市）に開業した宿泊施設であり、観光地である榛名湖のある旧榛名町や温泉のある旧倉渕村、旧新町、旧吉井町、旧群馬町、旧箕郷町の編入地域は除いている。

　国土交通省観光庁の2012（平成24）年1月から12月までの「宿泊旅行統計調査報告」によれば、従業員10人以上のホテル、旅館等の宿泊延べ人数は、全国で4億3949万人余りとなっている。同期間における群馬県の延べ宿泊客数は838万人余りとなっており、やや時期がずれるが、高崎市独自の調査結果によれば[1]、2012年度の高崎市内の年間宿泊客数は91万人余り、旧高崎市内では80万人余りとなっており、旧高崎市内の年間宿泊客数は、群馬県の宿泊客数の概ね1割を占めていることになる。また、「宿泊旅行統計調査報告」によれば、群馬県の施設タイプ別延べ宿泊客数の割合は、旅館51.5％、ビジネスホテル23.9％、リゾートホテル20.0％、シティホテル3.5％などとなっており、温泉観光地の多い群馬県の特性が反映されて旅館への宿泊割合が高くなっているものの、宿泊施設のタイプ別定員稼働率は、ビジネスホテル50.4％、シティホテル41.6％、リゾートホテル33.1％、旅館29.4％などとなっており、稼働率ではビジネスホテルが最も高くなっている。そのビジネスホテルの多くは、高崎市、前橋市に立地している。

　ところで、地域のホテルや旅館などの宿泊施設の開業時期や廃業時期に関する情報は、行政機関において把握されておらず、唯一の統一的なデータは保健所が宿泊施設の営業許可を下したデータである。本章では、高崎市における宿泊施設[2]の立地過程を把握するために、主にこのデータを用いた[3]。

　図5-1は、1980（昭和55）年以降の高崎市における宿泊施設の客室数と収容定員の推移を示したものである。高崎市におけるビジネス、観光用の宿泊施設の増加には、いくつかの波が見られる。第1の波は、上越新幹線が開業（1982年）した前後の1981年から1983年にかけての相次ぐホテルの開業である。高崎駅に旧国鉄直営のターミナルホテル（141室）が、高崎駅前には地元資本のグランドホテル長谷川（147室）が開業し、繁華街には高崎ビューホテル（113室）が開業して、宿泊施設の大型化が進み、1985年では

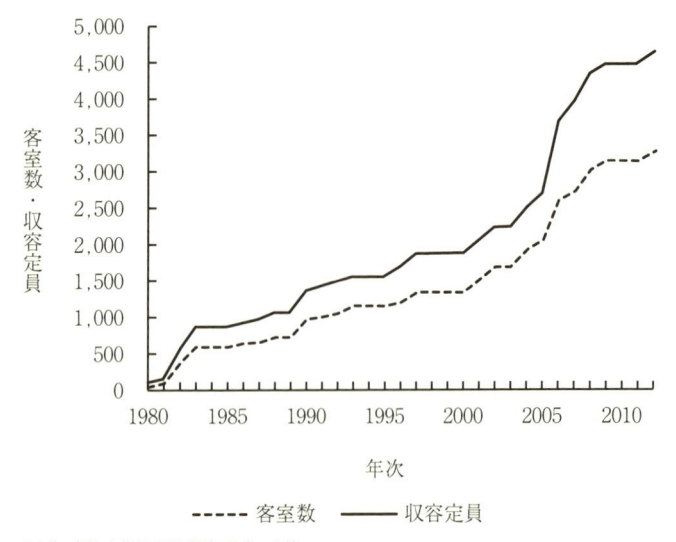

図 5-1　旧高崎市における宿泊施設の客室数・収容定員の推移

資料）高崎市保健所営業許可データ等。

13 施設、客室数は 584 室、収容定員 871 人まで増加している。

　次いで第 2 の波は、1990（平成 2）年から 1993 年にかけての増加である。地元資本による小規模なビジネスホテルが開業する一方で、大手ホテルチェーンであるワシントンホテル（212 室）が高崎に開業した。これらは、1980 年代後期からの好景気を背景とし、高崎駅西口の再開発事業と関連して立地したものであった。第 3 の波は、日本経済がデフレ状況にあるとされた 2001 年から 2004 年にかけての増加である。地元資本の小規模ホテルに加え、北関東を営業エリアとしたパークイン高崎（178 室）やセントラルホテル高崎（176 室）が開業し、比較的低料金で顧客獲得を狙った。また全国展開を図りつつあったアパホテル（233 室）が高崎駅前に進出し、温泉の自家掘りで差別化を図って、マンションも併設した。そして第 4 の波は、2005 年以降のビジネスホテルの進出である。とりわけ 2006 年の東横インの進出は、高崎市の宿泊容量を一気に拡大した。高崎駅西口に進出した東横インは 542 室の規模を有し、時代のニーズに合わせて同ホテルチェーンの中で全国唯一

の禁煙棟と喫煙棟を別建てとした特色がある。2009年にはビジネスホテルに大浴場を備えることを戦略として全国展開を図っているドーミーイン（124室）が、2012年には高級志向の都市型ホテルとしてココ・グラン高崎（119室）が開業した。その結果、2012年では、客室数3246室、収容定員4617人を有するようになった。ホテルの立地は、市街地にも見られるが、高崎駅周辺にはホテル用地へ転用可能な駐車場や公共施設の跡地などが存在したこともあり、結果として駅前に集中的に立地するようになった（図5-2、図5-3参照）。

　高崎市における客室数、収容定員の増加を時期別に見ると、バブル経済を含んだ1985（昭和60）年から1995（平成7）年までの10年間では、客室数は1.95倍、収容定員は1.79倍増加し、バブル崩壊後の経済不況期を含んだ1995年から2005年までの10年間においても客室数は1.79倍、収容定員は1.73倍に増加している。そして2005年から2012年までの7年間では、客室数は1.59倍、収容定員は1.72倍も増加し、1985年から2012年の27年間では客室数では5.5倍、収容定員では5.3倍に増加している。高崎市では、経済不況と関係なくホテルの進出が相次ぎ、とりわけ高崎駅前、市街地における宿泊容量は急増してきた。これは、高崎市における宿泊需要が増加し続けてきたからなのであろうか。

　図5-4には、1996（平成8）年から2012年までの間における高崎市における宿泊施設の客室数、収容定員と高崎市の製造品出荷額を共に示したものである。それによれば、1996年から2005年までの高崎市の製造品名出荷額は減少し続けた。2006年には製造品出荷額は増加するものの、それは合併によって編入した町村の製造出荷額が上乗せされたためで、その後の新高崎市の製造出荷額は減少している。製造頻出価額の減少は、企業活動の減退を意味している。にもかかわらず、ホテルの高崎進出は積極的に行われてきた。それは、長期経済不況に歩調を合わせた新しいビジネス系ホテルの進出であった。

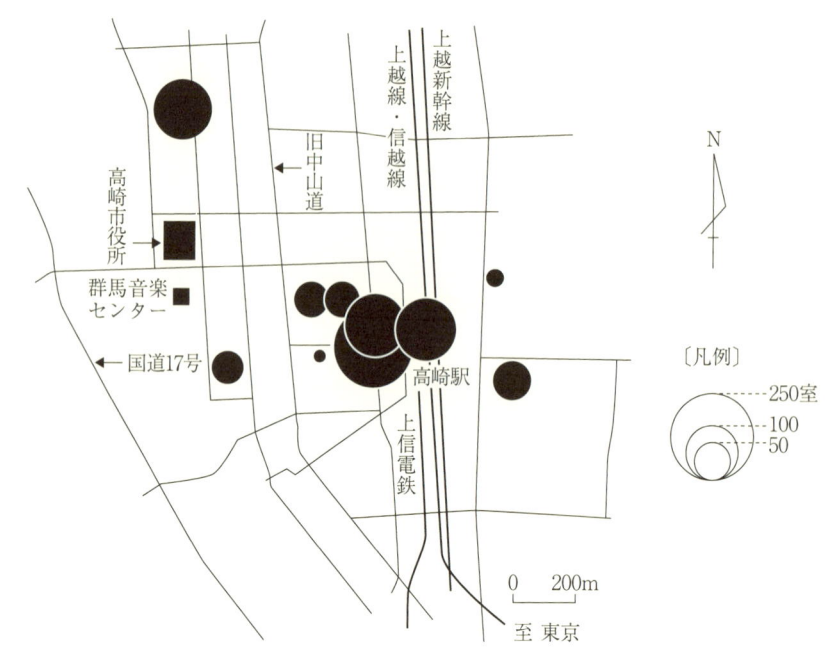

資料）高崎市保健所営業許可データ等。

図 5-2　1990 年の高崎市中心部における宿泊施設の分布と客室規模

3　ビジネスホテルの新しい潮流の展開と地方都市立地

　バブルが崩壊する 1990 年代初頭までは、シティ系やリゾート系のホテルでは、豪華さを基調とし、ビジネスホテルは簡素で安価というように違いが明確であったが、80 年代後半からの好景気の時期には、ビジネス系ホテルにおいても飲食部門を充実させ、シティ系ホテルとビジネス系ホテルの中間をいく新しいタイプのホテル形態がとられるようになった。しかし、バブル崩壊後は、こうした新しいタイプのホテルの宿泊需要や飲食需要、また宴会需要が徐々に減少し、今日では、長期経済不況、デフレ経済に歩調を合わせ、低価格で快適で機能的な空間を提供するビジネス系ホテルへの需要が高まっ

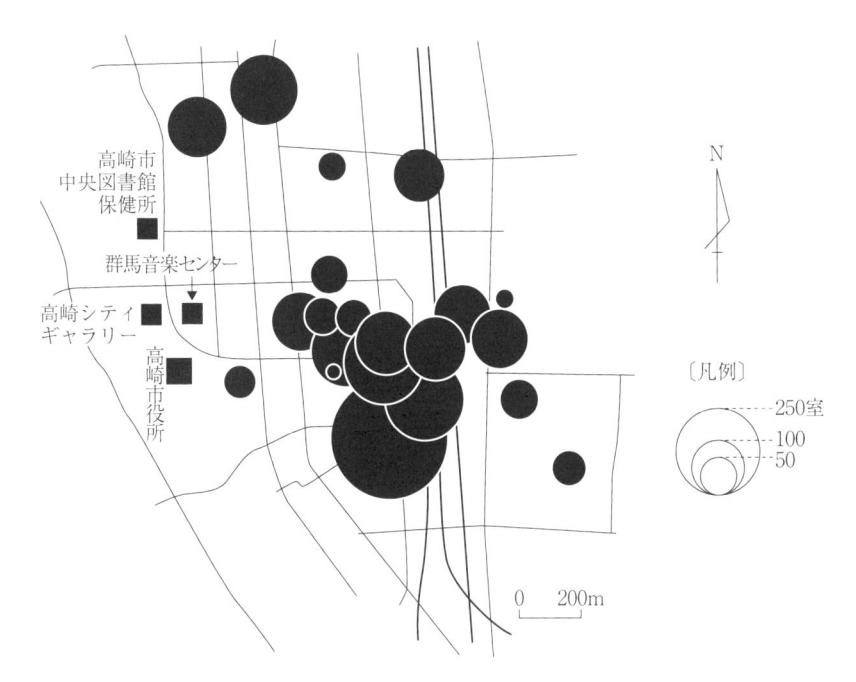

資料）高崎市保健所営業許可データ等．

図 5-3　2012 年の高崎市中心部における宿泊施設の分布と客室規模

てきた。こうした新しい潮流が地方都市である高崎市にも及んできた。

　表 5-1 は、筆者がかつて宿泊した地方都市におけるビジネス系ホテルの当時の客室料金と、同一ホテルの公式ホームページによる同じ部屋条件における最も安い客室料金（2014 年 1 月 5 日現在）を比較したものである。それによると、料金を維持しているか、若干増額している例が見られるものの、多くは大きく値を下げていることがわかる。値下げの要因には、例えば、開業から一定の年数が経過して設備が老朽化したことなども考えられるが、ビジネス系ホテルの中でも先発型において宿泊料金の下げ幅の大きいことがわかる。これは、景気の後退により、より低価格のホテル需要が高まる中、デフレ経済に対応した低価格のビジネス系ホテルの全国展開による競争激化が大きな要因ではないかと考えられる。

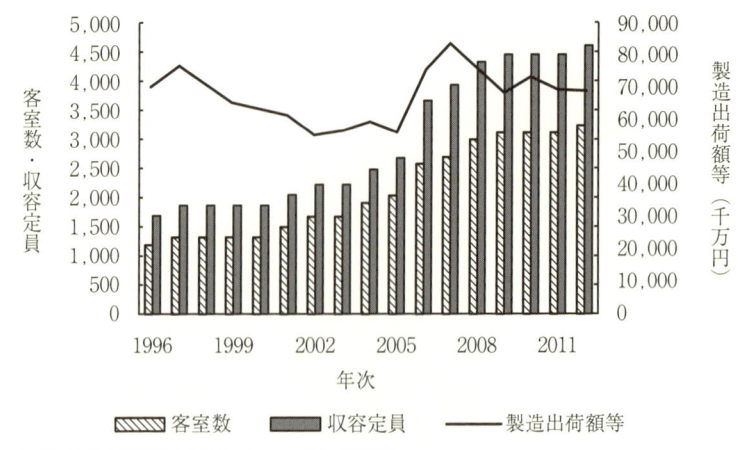

資料）高崎市保健所営業許可データ、各年工業統計。

図 5-4　旧高崎市における宿泊施設の推移と高崎市の製造品出荷額等

表 5-1　地方都市のホテルにおける宿泊料金の変化

宿泊年月	都市名	ホテル名	宿泊料金	現在料金
1990.9	盛岡市	東日本ホテル	7,364	6,000
1990.9	上越市	ハイマートホテル	5,665	6,615
1991.7	帯広市	帯広東急イン	7,609	4,300
1991.8	旭川市	旭川ワシントンホテル	7,704	7,560
1991.9	秋田市	秋田ターミナルホテル	6,934	7,000
1991.9	松江市	松江シティホテル	5,000	6,450
1992.5	甲府市	ニューステーション	7,519	5,250
1992.10	静岡市	静岡ターミナルホテル	9,687	7,100
1992.12	八王子市	八王子プラザホテル	10,763	4,700
1994.3	岐阜市	岐阜ワシントンホテル	6,390	4,400
1995.11	鹿児島市	鹿児島ワシントンホテル	8,724	3,800
1998.10	静岡市	静岡ワシントンホテルプラザ	8,431	5,300
1999.2	高山市	高山ワシントンホテルプラザ	6,700	4,800
2003.3	駒ヶ根市	駒ヶ根プレモント	8,340	5,500
2003.3	岡山市	岡山ワシントンホテルプラザ	7,508	5,400
2003.10	岐阜市	岐阜キャッスルイン	7,000	4,950

注）宿泊料金は、いずれもシングル、ルームチャージのみのものであり、筆者が保存していた領収書の金額である。現在料金（2014年1月5日現在）は、それぞれのホテルの公式ホームページにおいて、以前に宿泊したときの宿泊料金と同等の部屋のルームチャージの最安値である。なお、一部のホテルに季節料金の設定があり、その場合は宿泊月と同じ月の料金とした。ワシントンホテルの内、ワシントンホテル株式会社が経営するホテルについては、97年よりワシントンホテルプラザと改称している。藤田観光経営のワシントンホテルは、改称していない。

1972（昭和47）年に設立され、全国の主要都市にチェーン展開し、高崎市にも1990（平成2）年に開業したワシントンホテルプラザ（本社・名古屋市）[4]は、ビジネス需要を基本としつつも、多機能、中程の料金によって、価値観に厳しい人たち、宿泊頻度の高い人たちを客層のターゲットとし、受益者負担に基づく適切なサービスの提供を行い、飲食機能の充実によるコミュニティプラザを提供し、科学的経営手法による価値ある価格実現を基本的な考え方としてきた。宿泊者に特典を付与する仕組みにもいち早く取り組んだホテルでもある。ワシントンホテルプラザは、土地や建物を所有しないオペレーション会社としてチェーン展開を図り、科学的経営手法をいち早く採り入れホテルの産業化を実現してきた。しかし、2008年度、2009年度は共に8億円余りの経常損失を計上し、事業内の見直し、人件費等の経費削減、宿泊価格の柔軟化と販売チャネルの拡大による稼働の最大化、付加価値商品の提供などによる売り上げ増加施策を実施し、不採算ホテルからの撤退や不採算飲食店舗の閉店などにも取り組んだ。その結果、2010年度では6000万円の経常利益を計上するようになったが、高崎ワシントンプラザホテルは、駅前通りに面したレストランの閉店に踏み切ると同時に、客室料金も大幅に値下げしている。

　一方、2004（平成16）年に開業したアパホテル高崎駅前は、高崎駅とペデストリアンデッキで結ばれ、温泉の掘削成功によって周辺ホテルとの差別化を図った。アパホテルは、高崎に進出した頃、全国で1万室を達成し、2015年には4万室達成を計画している[5]。アパホテルでは温泉や大浴場のあるビジネスホテルを戦略のひとつとし、宿泊料金が高水準ではない温泉付ビジネスホテルは、長期不況により賃金の抑制された人たちから歓迎された。また、2006年には、群馬県下のビジネスホテルとしては最大の客室を有する東横インが同チェーンの中で、唯一、禁煙棟と喫煙棟を別棟建てとした特色を売り物にして高崎駅近傍に開業した。東横インは、駅前旅館の鉄筋版と考え、昔の駅前旅館のくつろぎと安らぎに近代的な合理性と利便性を加えたゆとりある快適な生活空間を作り出すことに努力し、土地のオーナーが金融

機関から融資を受けて東横イン仕様のホテルを建てれば30年間、メンテナンス、リニューアル費用を東横インが負担し、貸借する土地建物貸借方法、客室数を最大限にとれる設計として、レストラン、宴会場を備えず、統一した設計により安価に建物を作り上げるなど、徹底したローコストオペレーションによる宿泊特化型のホテルとして勢力を拡大してきた。そして安価な料金設定に加え、多くのビジネスホテルが別建て料金としてきた朝食の無料提供にもいち早く取り組んだ[6]。

　こうした新興ホテルチェーンの各地への進出は、ビジネスホテル業界に大きな変革をもたらしたといえる。高度経済成長、80年代後半からバブル期の経済が右肩上がりの時代に事業規模を拡大してきた地元資本のホテルや老舗のビジネス系チェーンホテルは、好景気を前提とした設備整備、価格設定を行っていたことから、経済不況が長期化して、デフレ経済に陥ると、経営を圧迫し、そのため人件費をはじめとした経費の節減を行わざるを得ず、結果としてサービス低下を招いて、顧客を減少させることに繋がっている可能性がある。これに対して、新興ホテルチェーンの多くは、バブル崩壊後に規模を拡大させてきたことから、経済不況やデフレ経済下におけるホテル経営を前提として、ローコストオペレーションを基本とした時代に即応した価格設定や新しいサービスの提供によって勢力を拡大してきた。こうした違いが、デフレ経済下における盛衰を決定づける要因となっているものと考えられる。高崎市におけるホテルの盛衰も、こうした流れの中で生まれていると見ることができる。

4　ホテルアンケート結果

　高崎経済大学産業研究所では、ホテルのデフレ経済への対応を知るために、2013（平成25）年9月現在、旧高崎市、旧前橋市の地域に開業中で、インターネットの予約サイト・じゃらんに掲載されている43のビジネス系、シティ系のホテルを対象として、郵便による送付、返信方式によりアンケート

を実施した。回答数は 23、回収率は 53.5% であった。なお、回収率を高めるため、無記名回答とし、開業年など回答ホテルを特定できる情報は聞かないこととしたため、クロス集計などによる分析は行えず、単純集計のみを報告する。

アンケートでは、まず、現在の宿泊客室の稼働率は、開業当初に想定されていた稼働率と比べて、どの程度なのかを尋ねた。結果は、「想定より低い」（回答数 13、56.5%）が過半を占め、「想定通り」（回答数 6、26.1%）、「想定より高い」（回答数 4、17.4%）の順であった。

「想定より低い」と回答したホテルに、宿泊客室の稼働率が低くなり始めた時期について尋ねた。回答によると、2008（平成 20）年頃（回答数 4）、2010 年頃（回答数 3）の順となった。さらに、想定より低くなっている要因について尋ねると（複数回答）、「ビジネス需要が想定より少ない」（回答数 10）が最も多く、次いで「大手ホテルチェーンの相次ぐ進出」（回答数 4）の順となった。加えて、「想定より低い」と回答したホテルに経営上、工夫したことを尋ねた（複数回答）。それによると「正社員の減員」（回答数 8）が最も多く、「メンテナンスコストの見直し」（回答数 6）、「正社員の勤務態勢の見直し」（回答数 5）などの順となった（図 5-5）。そして、「想定より低い」と回答したホテルに、宿泊客を増加させるためのどのような工夫をしたのか尋ねた（複数回答）。それによると「宿泊料金の値下げ」（回答数 10）、「ホームページの充実」（回答数 10）が共に最も多く、次いで「インターネットの整備」（回答数 6）、「早割の導入」（回答数 5）、「PR の推進」（回答数 5）などの順であった（図 5-6）。

一方、現在の稼働率が「開業当初に想定されていた稼働率と比べて高い」と高いと回答したホテルに、その要因を尋ねると（複数回答）、「ビジネス需要が想定より多い」（回答数 3）が最も多く、「観光需要が想定より多い」（回答数 1）、「団体需要が想定より多い」（回答数 1）、「外国人需要が想定より多い」（回答数 1）などとなっている。

また、全ホテルを対象として、現在における最も平均的な宿泊客室の料金

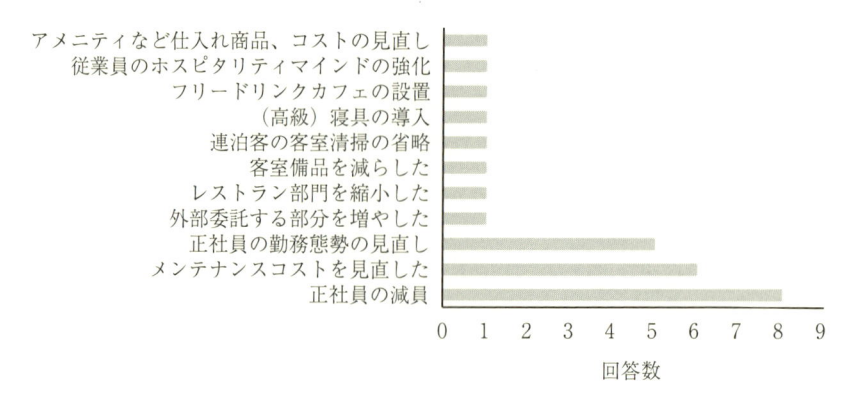

図5-5 稼働率が「想定より低い」と回答とした宿泊施設の経営上の工夫

- アメニティなど仕入れ商品、コストの見直し
- 従業員のホスピタリティマインドの強化
- フリードリンクカフェの設置
- (高級) 寝具の導入
- 連泊客の客室清掃の省略
- 客室備品を減らした
- レストラン部門を縮小した
- 外部委託する部分を増やした
- 正社員の勤務態勢の見直し
- メンテナンスコストを見直した
- 正社員の減員

回答数

資料）高崎経済大学産業研究所アンケート結果。

図5-6 稼働率が「想定より低い」と回答とした宿泊施設の顧客増加策

- 営業部門の強化
- リピートしていただく努力
- 入浴施設の充実
- アメニティグッズの提供
- 無料送迎
- 朝食無料サービス
- 特典の付与
- 飲食部門の充実
- ウオッシュレットの導入
- PRの推進
- 早割の導入
- インターネット整備
- ホームページの充実
- 宿泊料の値下げ

回答数（複数回答）

資料）高崎経済大学産業研究所アンケート結果より作成。

水準について尋ねた。その結果は「稼働率が低ければ採算がとれない」（回答数9）が最も多く、次いで「採算はとれるが利益は多くない」（回答数8）、「採算ぎりぎり」（回答数3）、「稼働率が高ければ採算がとれる」（回答数2）などの順となり、「採算がとれる」と回答したのは1ホテルだけに留まり、「採算が十分にとれる」と回答したホテルはなかった（図5-7）。なお、冒頭の質問において稼働率が「予想通り」と回答した6つのホテルの内、3つの

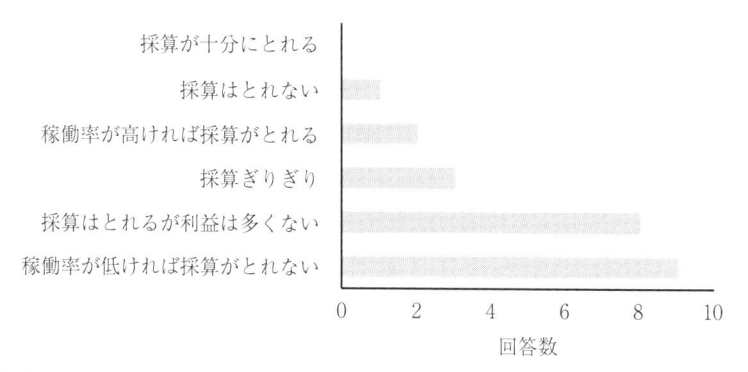

第5章　地方都市における宿泊業のデフレ経済への対応　113

資料）高崎経済大学産業研究所アンケート結果。

図 5-7　最も平均的な宿泊客室の料金（平日）の料金の水準

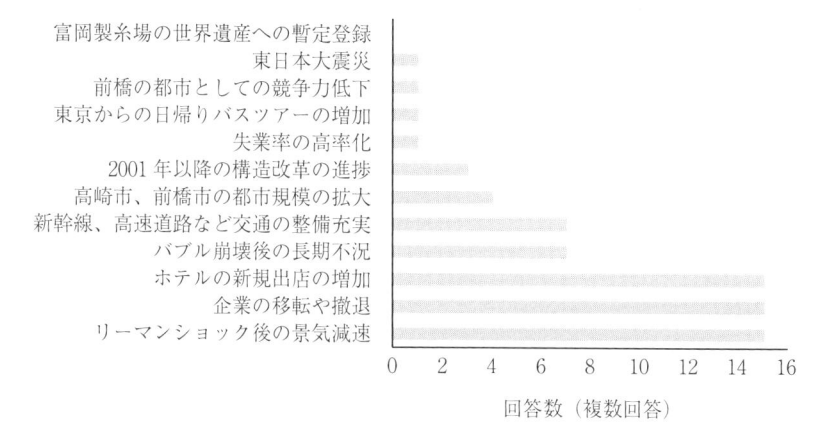

資料）高崎経済大学産業研究所アンケート結果。

図 5-8　ホテルの経営（プラス面・マイナス面）に影響を与えている事柄

ホテルは「稼働率が低ければ採算がとれない」と回答している。

　最後に、ホテルの経営のプラス面、マイナス面の影響を与えている事柄について尋ねると（複数回答）、「リーマンショック後の景気後退」（回答数15）、「企業の移転や撤退」（回答数15）、「ホテルの新規出店の増加」（回答数15）が、同数で並び、次いで「バブル崩壊後の長期不況」（回答数7）、「新幹線、高速道路などの高速交通網の整備充実」（回答数7）、「高崎市、前

橋市の市域の拡大」(回答数5) などの順となり、これらは総じてマイナス要因と捉えることができる。なお、富岡製糸場の世界遺産への暫定登録の影響を受けているとの回答はなかった（図5-8）。

5 デフレ経済下の地方都市におけるホテルの経営の現状

本章は、デフレ経済下における地方都市のビジネス系ホテルの経営実態を明らかにするために、ホテルの立地動向の分析を行い、アンケート結果からデフレ経済への対応を捉えようとした。

1980 (昭和 55) 年から 2012 (平成 24) 年までの 32 年間における高崎駅周辺と市街地におけるホテルの立地を概観すると、大きく4つの波があることが判明した。第1の波は上越新幹線開業に伴うホテル建設ブーム、第2の波はバブル経済期に計画された駅前再開発事業に伴う新規立地、第3の波は 2000 年代はじめの大規模ホテルの進出と地方資本のホテル進出、そして第4の波は 2005 年以降における大型ビジネス系ホテルの進出であった。その結果、1985 年から 2012 年までの 27 年間に客室数は 5.5 倍、収容定員では 5.3 倍に膨れあがり、とりわけ注目すべきはデフレ状況に陥った 2001 年以降に相次いでビジネス系ホテルの進出をみていることである。

2001 (平成 13) 年以降のいわば後発型のホテルの相次ぐ進出によって、経済が右肩上がりの時代に成長した先発型ホテルは、デフレ経済に対応しつつも、かつ快適な空間を提供し、従来のビジネス系ホテルにはあり得なかった温泉や大浴場を付属させて顧客満足度を高める新しい潮流のホテルの経営戦略に対応できず、苦戦を強いられる結果となった。デフレ状況の継続は、企業のコスト意識を高めることとなり、出張費の抑制を図る上で低価格志向のホテルの増加は歓迎された。新しい潮流のビジネス系ホテルの経営戦略は、ローコストオペレーションを前提としたデフレ対応の経営戦略であるともいえよう。デフレ状況にあるとされた 2001 年以降の日本のホテル市場は、新しい潮流を持ち得たホテルが徐々に獲得していったともいえる。これに追い

打ちをかけるように、2008年のリーマンショックによる金融不安の深刻化が重なり、先発型ホテルの経営を圧迫するようにもなった。

　旧高崎市、旧前橋市で開業しているホテルへのアンケート結果からは、リーマンショックの景気減速や企業の移転や撤退といった日本経済、地域経済の動向に大きな影響を受けつつも、ホテルの新規出店の増加による競争激化の影響を強く受けている様子がうかがわれた。そして、経営状況によっては正社員の減員が行われ、宿泊料の値下げで対応するという消極的対応が目立った。高崎市では、30年ほどの間にホテルの進出が相次いできたものの、安定した経営が行われているホテルが少ないこともアンケートから推察された。このことは、ホテル産業が周辺産業への経済波及効果が大きいだけに地域経済の縮小にもつながっているとも考えられる。

　戦後、地方都市は、概して地域外資本の誘致によって地域経済の発展をめざしてきた。資本力のある企業は雇用力もあり、地域経済への波及効果も大きいことから当然の選択肢であった。しかし、1980年代半ば以降の急激な円高によって、企業の製造拠点を定める方針は大きく変化し、地方都市が地域外資本をスムーズに誘致することは容易ではない。それゆえに、これからの地域経済の振興には、少子高齢化、縮小経済下に対応した地場産業の振興に今一度目を向ける必要もある。

　折しも、高崎駅東口の高崎競馬場跡地では、群馬県が中心となってコンベンション施設の建設が進められようとしており、高崎市も東口に文化施設の建設を計画しつつある。こうした計画が軌道に乗るためにも、既存産業をより発展させることに加え、高崎市においては平成の大合併で一体となった新幹線の停車駅のある都市地域と、自然豊かな食料生産基地としての農村地域、エネルギーの宝庫としての山村地域を、文字通り一体的に振興を図って、食料やエネルギーの地産地消、農産物加工、淡水産物加工、木材資源の加工などにも目を向けて、集客力のある高崎市を創造していくことも考えられてよい。現時点では、デフレから脱却できるかどうかは判断をつけられない。国の政策に一喜一憂することよりも、地方経済を再生させるために地域が内発

的に取り組んでいくことも重要であり、こうした取り組みが、地域に活力を与え、高崎市に立地した個性あるホテルの多くが活気を取り戻していくものと考えられる。

注
1) 高崎市商工観光部観光課提供資料。ただし、高崎市内63施設の内、12施設が未回答のため、正確な数字ではない。
2) ここで宿泊施設というのは、ビジネス需要が多く、観光用にも利用されることの多いホテル、旅館の宿泊施設のことである。
3) 各施設の開業年については、資料請求によって得られた高崎市保健所の各施設の営業許可データを用いて、注1)の定義に基づいて該当ホテル、旅館を抽出している。そのデータには、現存する宿泊施設の最新の営業許可年月日が記載されており、増改築等によって新たに営業許可を得た場合はその日付が記入されている。そのため、開業時期が古くても近年に増改築や改修を行った場合は、その直後の営業許可年月日が記載されているため、高崎市保健所に依頼して最初の許可年月日を再調査していただき本稿に用いたほか、他資料より宿泊施設の開設年を探った。なお、廃業年についての把握は困難なため、正確ではないことを含んでおいていただきたい。高崎市保健所データによれば、1980(昭和55)年時点において開業していたビジネス、観光需要に対応した宿泊施設は6施設、客室数39室、収容定員96人に留まっているが、廃業分まで含んでいないため、1985年5月現在の高崎市内のビジネス、観光用の宿泊施設の状況を電話帳(日本電信電話株式会社関東総支社発行、タウンページ)によって把握したところ、高崎市内には28の宿泊施設のあることが判明しており、実際の客室数、収容定員は保健所データより多いことが確実であるが正確な数字は把握できない。なお電話帳によれば、高崎市の宿泊市場は小規模な旅館によって支えられてきたことが理解される。
4) ワシントンホテルプラザに関する記述は、公式ホームページの企業情報、損益計算書などより得た。http：//www.washingtonhotel.co.jp/co/profiles.html（最終閲覧日 2014年1月5日）。
5) アパホテル企業情報。http：//www.apa.co.jp/company/company03.html（最終閲覧日 2014年1月3日）。
6) 東横イン企業情報。http：//www.toyoko-inn.co.jp/concept.html．（最終閲覧日 2014年1月3日）

参考文献
豊国義孝(1904)『高崎繁昌記』高崎繁昌記発行所。
西野寿章(2004)「工業の発展」、高崎市史編さん委員会編『新編高崎市史通史編4 近代現代』、755～774頁。
西野寿章(2012)「戦後の高崎市の変遷」、高崎経済大学産業研究所編『新高崎市の諸相と地域的課題』日本経済評論社、7～14頁。

第6章

地方の路線バス運賃のデフレ基調とそれに伴う諸問題

大島　登志彦

1　はじめに

　わが国における地方の路線バスは、主に私鉄や地域ごとのバス事業者等の民間企業で運営され、高度経済成長前半にあたる1950～60年代年代にかけて、利用者が急増して拡充されてきた。しかし、60年代末期以降、自家用車の急速な普及や、道路渋滞に伴う所要時分の増加や信頼性の低下なども重なり、利用者は一転して減少に向かい、人件費の値上げなどに伴うコストの増大も作用して、縮小に向かった。同時に、ワンマン化や運行回数の減少や路線廃止等の合理化によって、一層のバス離れを引き起こす悪循環となっていった。

　1970～80年代において、バス路線の縮小に対して、全国の各市町村は、一部で廃止代替バスを運行した以外、運賃面や利用促進に関して有益な手立てを講じなかったため、消費者物価や他の交通機関にもました運賃の急騰を招いた。しかし、1990年代以降、都市内では、行政主導による均一運賃のコミュニティバスが各地で走り始めたことに、バス運賃のデフレ基調が端を発したと考える。その結果、路線バス運賃は、市内均一運賃のコミュニティバスと市外まで行く距離制運賃の民営バスの間で運賃格差が生じたが、地方都市の自治体がバス政策を検討する場合、当該自治体内に限定されるため、隣接市町村間での交通サービス水準や運賃格差を解消する対策も、当初あまり講じないまま、運賃の二重構造が広がっていった。

本書の主題は、わが国における昨今のデフレ現象に関する諸問題を考察することにある。ただし、路線バスの運賃は、国土交通省の認可事項に当たるので、認可運賃や賃率に目に見えるデフレが生じたのではない。本章では、新たに誕生した自治体主導のバスが、従来想定できなかった安価な均一運賃を導入したり、高齢者などを優遇した割引回数券等によるデフレ的感覚の誘発、公共バスと民営バスの運賃の格差が、更なるバス離れや既存の交通体系を乱したり、旅客が公共バスに仕向けられる傾向などの、追随して引き起こされた諸問題を考察することを目的とする。

　具体的考察事例は、全国的視野で顕著な事例を取り上げるのが好ましい。しかし、全国の事例を網羅することは困難なので、主に群馬県やその周辺地域、あるいは筆者が見聞調査したり新聞などで見た特記する地域におけるコミュニティバスを導入、利用促進を図るための上限運賃や均一運賃、乗継割引運賃制度などを導入したことによる部分的な運賃値下げなどについてである。そうした断片的な低運賃の導入や値下げを経て、2005年以降になってようやく、自治体とバス事業者が協調したバス活性化や運賃補助・優遇施策、割高な運賃に対する補助制度などが、一部の都市圏で導入され始めた傾向がみられるのである。

2　都市市街地域の均一運賃導入によるバス運賃のデフレ傾向の発端

(1)　自治体主導のコミュニティバス

　路線バスの縮小・廃止に際して、中山間の人口過疎地域は、廃止代替バスなどが運行される傾向にあったが、地方都市の市内路線は、運行効率が悪いことや、自転車や家族の送迎等の他の交通利用への転移も重なって、多くの路線が廃止された。

　そうしたなかで、運賃が100円均一または無料の自治体主導による路線バスが、岩槻市を筆頭に、埼玉県南部数都市で、平成になった直後に運行開始されてきた[1]。当初自治体主導のバスは、大都市近郊のみで導入される傾向

で、全国的に大きな話題にはならなかったと考えるが、1995年に東京都武蔵野市で導入された「ムーバス」が、運賃100円均一で同市最寄りのJR吉祥寺駅を起点に2路線、狭隘な道路の多い団地内を新規運行して、とりわけ、高齢者や育児世代の市民の利便を向上させて、バス利用全体を増やしたことが広報されると、全国的に大きなインパクトとなって、「コミュニティバス」と称されて、類似のバスが全国の地方都市へも普及していった。

　各地で通称された「コミュニティバス」は、定義として確定してはいないが、概ね次の特性を持ち合わせた路線バスと考える。

①愛称がつけられ、特有の塗色でバリアフリー対策などが施された専用車両で運行される。
②自治体がルートを決め、公共施設や病院などをきめ細かく巡回している。
③運賃が100円・200円均一または無料で、採算を度外視して運行している。
　群馬県におけるコミュニティバスは、伊勢崎市が1996年10月に市内2路線（翌97年7月に5路線に拡大）で運行開始した「ふれあい」バスが最初で、高崎市では、97年7月から「ぐるりん」バスが、正式運行されている。

　コミュニティバスは、運賃面で、当然周辺の民営バス路線と運賃格差が生じたが、従来の路線バスと異なる経路やコンセプトを有していると市民に認知されたし、利用者サイドでは、安価な運賃が歓迎されたため、当時は大きな問題にはならなかったと考える。

(2)　市内における短距離100円運賃等の導入

　コミュニティバス以外の一般の路線バスに100円運賃が導入されたのは、前橋市だった。当時群馬県における路線バス運賃は、最低150円、市内均一190円だったが、1996年9月、JR前橋駅と上毛電鉄中央前橋駅間（0.9km）に、運賃100円のシャトルバスが運行開始された。その利用が予想より良好だったことを受けて、市街地の短区間を乗りやすくする目的で（当時はま

左：JR前橋駅－上毛電鉄中央前橋駅間シャトルバス（当初の上毛電鉄貸切バス塗色の車両）。
右：前橋駅から概ね 1km 範囲まで全バスに 100 円運賃が導入された（従前は 190 円）。車体に 100 円表示版をつけていたのは、すでに群馬から撤退表明していた東武バスのみ）。

**写真 6-1　一般路線バスの近距離 100 円運賃のはしりとなった
前橋市のバス（1998年）**

だ、前橋市内にはコミュニティバスはまだ運行されていなかったので、運賃格差の是正ではなかったと考える）、従来からの民営バス事業者やその業界団体であるバス協会などが主導で、98 年 1 月 1 日より、前橋駅から概ね 1km 区間の運賃を、190 円から 100 円に試行的に引き下げた。バス運賃のデフレ感覚を一歩進めたこの運賃体系は、群馬県においては、翌 99 年 1 月 1 日から、高崎市と伊勢崎市でも、駅から概ね 1km 区間の市街地での 100 円運賃が導入、同時に、3 市内で、150 円運賃（同 2km 範囲）も導入されている。また、後に全県下にて、最低運賃が 150 円から 100 円に引き下げられている。

　群馬県におけるこれら施策は、当初のシャトルバスが前橋市等の補助路線の一端で運行されたが、基本的にはバス協会と市内を運行する全バス事業者が協調して導入したものであり、車社会が顕著に進んでバス利用が激減してきた群馬において、こうした市内運賃の値下げが全国的に先駆したことが注目される。従来からの民営の路線バスとして、市内の一部区間で端数を切り捨てて同様の 100 円運賃が導入されたのは、2000 年までに 80 地域と報道されるが[2]、群馬のように近接都市に複数事例が生じている傾向なので、全国

的には波及していかなかったと考える。従前に比べて乗客は多少増えても収入増には結びつかないのが壁になったのであろう。ただし、2000 年以降は、乗合バス事業の規制緩和（02 年）や、地方都市域のバス事業が民営では一層厳しくなる中で、全ての路線バスが自治体主導に移行する地域が増え、その際、100 円・200 円均一運賃制になったケースも増えていった。しかし逆に、存続し続けた民営路線は、従前からの距離制運賃を継続したので、両者の運賃格差は顕著になっていった。

3　遠距離利用に対する運賃の見直しと値下げ

(1)　上限運賃の設定

　従来の路線バスの運賃は、独立採算を前提としたキロ当たりの賃率を基本としており、遠距離で逓減される割合は低く、長距離利用の乗客に対する割高感が大きかった。一方、経営面から長距離利用者を増やすことが有用であり、遠距離逓減運賃は積極的に導入すべきと考える。

　遠州鉄道は 1998 年 7 月 1 日、賃率はそのままで、前節の事例と同様最低運賃を 100 円としたほか、2km 程度までを利用しやすくなる実質運賃値下げを行った[3]。また、翌 99 年 10 月からは、中距離の運賃を改定（値下げ）と上限 630 円運賃制を実施し、長距離路線は始発から過半以上の区間では、運賃が 630 円になった[4]。そのなかで、2002 年には、JR 東海バスから西鹿島駅－水窪・中部天竜線を肩代わりしたが、その際、西鹿島駅－水窪間の運賃は、1470 円から 630 円に引き下げられている。

　上限運賃制は、弘南バス（青森県）1000 円、福島交通 800 円等、幾つかの地方のバス事業者で実施されていた。しかし、利用促進効果より運賃の減収が多かったためか、運輸当局に不評だったためか、この 2 社は、その後に運賃値上げなどに際して消滅している（遠州鉄道は存続）。

　減収になっても公的負担でカバーできる廃止代替バスについては、近年の「時刻表」[5]などで、上限運賃を導入した形跡が幾つか散見できる。群馬県内

では、渋川市が、2012年11月1日、市内の委託路線バス再編に際して、渋川駅を起点とした上限運賃550円制を導入した。従前の最大運賃は680円、550円は、市内のバス主要区間である渋川－伊香保線の運賃である。

(2) 鉄道に並行するバス路線の運賃逓減

地方の都市間を結ぶ公共輸送において、かつての路線バスは、鉄道路線が並行しているか否かに関わらず、幹線都市間バスとしてドル箱だった。しかし、運賃の高騰や道路事情による所要時分の増加、終便の繰り上げ等で利便が低下した一方で、旧国鉄の都市間区間は、増発やスピードアップ、終便の延長などで利便が向上した。その結果、利用の主流が鉄道にシフトし、路線バスは廃止または最小限の運行にまで縮小してしまった。

バス事業者サイドから、バス利用勧誘施策として、鉄道に並行した路線や該当区間に限って、割安な運賃体系を適用したケースもある。高崎－前橋線はその典型で、かつては旧道・バイパス経由合わせて計250回以上運行されていたが、2000年時点で38回に減少（鉄道は60回）、運賃も鉄道190円・バス520円と格差が生じて、バス利用は鉄道に比べてかなり劣勢になっていた。当路線を運行する群馬中央バス[6]は、両都市間の利用の利便向上を図って、前橋・高崎地域で共通のバスカードが導入された2000年12月12日より、当路線の運賃を上限380円に引き下げている。両都市間には、県庁をはじめ、駅から1km以上離れた公共施設が多く、バスには鉄道駅だけでカバーできない有用性があるので、両都市間相互の通勤手段として必須と考える。そのため、運賃値下げの効果は大きいであろうが、十分に広報がなされていないことや、両都市間を別ルートで結ぶ上信電鉄の路線は520円のままであり、両社の連携体制などに、疑問や課題も残る。

鉄道並行路線を限定して低額運賃としている事例（従前からかバス運賃デフレ傾向の中で採用されたのかは不詳）は、秋田－本荘間の780円（羽後交通、ほぼ同一キロ数・所要時分の本荘－横手間は1820円）や、五所川原－青森線の1000円（弘南バス、同社の運賃水準だと2000円以上になると考え

る）等が、継続されてきた。

　なお、これらの上限運賃や鉄道並行区間の割安運賃は、最大運賃の手前の運賃区画から緩傾斜する運賃体系の場合もあるが、新規に導入された大方の事例では、手前から緩傾斜になることなく、それ以遠を一律上限運賃としているケースが多い。また、上限運賃は、利用者にはそれなりの利便を供したと考えるが、地方都市などでは、利用促進には十分結びついていないケースが多いと思われる。

4　自治体の住民限定の運賃補助政策とデフレ感覚

（1）　高齢者や小中学生のバス利用に対する優遇

　高度経済成長が見直されたオイルショック期（1970年代）以降、高齢者への福祉や優遇施策が進むが、バス運賃に関しても、敬老パス（運賃無料で乗車可、または過半を自治体が負担する等で優遇）や割引率の高い敬老回数券を導入する自治体が増えた。この場合、該当高齢者がバス利用した差額分を、自治体がバス事業者に補填する方式だと言える。また、学校統合などに関連して、スクールバスが運行される地域が増加する中で、従来路線バス通学だった地域もスクールバス通学になったり、路線バス通学の子供たちに対しては、自治体が通学定期を負担する施策が導入される傾向にもなった。

　近年は、高齢者の運転による自動車事故が増加して、近年、その免許返納を勧める動きが全国的に強まるが、それを後押しする施策として、免許返納者にバス回数券を付与したり、一定期間、当該地域の交通機関地域の公共交通利用を優遇する自治体が増えている。また、バス事業者独自の取り組みとして、長期間有効の割安全線利用券（「シルバーパス」等の名称）を安く発売するケースも、多くなってきた。

　これら、自治体の高齢者または小中学生に対する優遇施策は、バス運賃が高騰していく最中に導入された傾向があった。したがって、適用利用者にとっては、運賃値下げと同等の恩恵を受けられる有益なサービスだったが、一

方で、運賃のデフレ感覚を多少とも招いたことは確かであろう。

(2) 高校生や大学生に対するバス利用優遇施策

　高校生・学生は、最もバスの利用頻度の高い階層にあったが、バス事業者独自では、格安定期を導入しても、会社の減収につながりかねないことから、自治体共々、しかるべき運賃優遇施策が講じられなかった。そのことは、高校生などの利用者の自転車や自家用車送迎へのシフトが加速化し、近年の地方のバス利用者を減少させた大きな要因でもあったと考える。それに対して、首都圏の大手バス事業者は、数年来、学生のバス離れを食い止めるべく、学生（高校生・大学生対象が多い）限定で長期の自社全線でフリーに乗降できる定期を発売する傾向になった（西武バスは「学トク定期」の名称で1年間4万円）。

　車社会が加速して、バス利用者が減少して民営バス路線の存続が危ぶまれるようになった近年、中山間地域の自治体は、バス利用者の掘り起こしを検討するなかで、数年来高校生の通学補助施策を講じ始めた。筆者の見聞では、軽米町（岩手県）では、町民がバスの通学定期券を購入した場合、半額の補助を受けられるという（2012年6月調査）。また、インターネットで「高校生通学定期補助」を検索しただけでも、兵庫県の豊岡市や福知山市、養父市、岐阜県の中津川市や下呂市、常陸太田市（茨城県）、高梁市（岡山県）、龍郷町（鹿児島県）などが検索され、地域の偏りは感じるが、近年は少なくとも全国数十の市町村で、バス通学する市民が定期券購入に際して補助金を支給する制度が導入され始めているようだ。

　群馬県内では、川場村が2007年8月から、沼田市と村内を結ぶ経路の通学定期に限定して、その購入金額の半額の助成をしているほか、高崎市教育委員会が、高額の鉄道・バス通学の負担を軽減する目的で、2013年度から、在住高校生等を対象に、群馬県内分の通学定期券総額で1ヶ月2万円を超えた額を交付する制度を開始した。倉渕地域から高崎市内の高校に通うケースを想定したものと考えるが、バスと鉄道を乗り継いで東毛や北毛地域へ通学

する場合等も対象になる。

5　市民限定での回数券購入助成や割引券の発売

(1)　群馬県みなかみ町における回数券（バスカード）購入補助

　長年東武鉄道が運営してきた現在のみなかみ町内の路線バスは、概して観光客が多かったが、生活路線としての機能も強かった。バス事業の経営悪化に伴って、1993～94年にかけて水上駅発着の全路線、97年には、合併町村内を走る沼田－（後閑・上毛高原駅）－猿ヶ京線を、東武鉄道系列の関越交通が肩代わりした。現在町内の大半の路線バスが同社の自主運行路線に統一されている。

　肩代わりに際して、同社は、通常の回数券（バスカード）より割引率が高いバスカード（尾瀬の図柄なので通称「尾瀬カード」、群馬県北毛地域限定で売価3000円で4350円分使用可）を導入し、利用者の負担を相当軽減してきた。しかし、元々群馬県内の東武バスの賃率が高かったことや、山間地割増し運賃が適用されていたので、上毛高原駅－猿ヶ京間が所要30分で860円、水上駅－谷川岳ロープウェー間が所要20分で650円等、運賃の割高感が非常に強く[7]、地元住民、とりわけ高校生のバス離れが進んだとみられ、下校時の後閑駅前などは、送迎自家用車が溢れんばかりである。

左：尾瀬カード（売価3000円で4350円分利用、誰でも購入可能）。右：みなかみカード（同町民限定で2000円で発売、町内起終点利用を原則、左と同様4350円分利用）。
写真6-2　群馬県北毛地域限定利用で販売されているバスカード回数券

みなかみ町は、上記尾瀬カードと同等のバスカード（同条件で別の図柄、「みなかみカード」）を、2012年8月から、町内住民限定で、2000円で販売する運賃補助施策（差額の1000円を町が補助）を導入した。町内のバス路線は大半が同一バス事業者（関越交通）自主運行路線、かつ大方が町内で完結しているので、その回数券（カード）購入を補助することでバスの利用促進を図り、かつそれらが委託路線となった場合の公的負担の増大を避け、自主路線として継続させることも大きな目的であるという。

当制度の開始に合わせて、高齢者割引回数券の発売を停止したが、みなかみカードの利用は堅調に推移して、町内の路線バス利用者も最近1年間は増加傾向だという。それは、多少の財政負担はあるものの、確実にバス事業者への収入増につながり、町民の利便と利用促進を通してバスを維持する施策として、評価できると考える。なお、単純な運賃値下げとしなかったことで、一過性の利用となる観光客は、高いから乗らないという選択は起こらないことも含めて、補助なしの通常運賃を支払うことになる。

（2） 福井県内の自治体におけるバス運賃補助政策

福井県内では、数年来、自治体コミュニティバスが急増してきたが、並行して、バス運賃補助政策を導入した市町・路線も増加してきた。高齢者限定のケースや児童生徒や高校生を対象としたケースもあり、2010年5月現在、17市町で何らかの運賃補助政策が導入されている。中でも顕著なのは、一部の路線限定もあるが、全市町民を対象とした回数券購入補助や割引バス乗車券を発売して、差額を補助する方式などを全市民対象に行っている自治体が過半に及んでいることにある[8]。個々の実態や利用は定かではないが、筆者が割引乗車券適用路線に乗車した時の感想として、昼過ぎの越前市（武生）発越前海岸方面へ向かう民営バス路線に20人以上の旅客が乗り、大方の利用者がその割引乗車券を使用しているなど、運賃補助によるバス利用促進効果が感触できた。

6 近年の広域地域における民営バス運賃値下げの事例と課題

(1) 八戸市広域圏

　青森県八戸市は、中心市街地がJR八戸線の本八戸駅周辺であり、東北本線の最寄駅（現在の八戸駅）はかつて尻内と称され、市街の中心は分散していた。市内の路線バスは、八戸市営バスが過半だが、郊外路線は南部バスが多く、一部は十和田観光電鉄が運行している。東北新幹線開通以降、八戸圏定住自立圏（八戸市とそれを取り囲む青森県内7町村）とした連携を強めてきた。

　同圏では、バスの活性化を図ってバス事業者とも協議した中で、2011年10月1日から、市域内上限300円、圏内上限500円運賃制度が導入された。隣接自治体も含めた運賃制度を見直したことや、運賃の割高感がかなり解消したことが評価できる。また、八戸発着の民営バスの路線は隣接町までだが、その先の路線に乗り継ぐ場合は、乗継支援企画乗車券で800円となる（事前に現金購入）。この運賃制度の導入による優遇事例としては、市域の最

写真6-3　八戸広域圏で導入された市内300円・県内隣接自治体500円上限運賃などのチラシ（2012年）

運賃表には 500 円表示がずらりと並び、広域区間で頭打ちで実質値下げされたのが分かる。
写真 6-4　八戸から隣接自治体（このバスは五戸）までの運賃（2012 年 1 月）

大野（岩手県洋野町）発着所に停車中の八戸ラピア行バス。

左のバスが終点八戸ラピアに到着するときに表示された運賃表（整理券番号 12 番以降の八戸市内からは上限 300 円だが隣接しても他県に跨る場合は 300 円から一気に 950 円、始発からだと 1340 円で、距離制割高感のある従来運賃のままだった）。

写真 6-5　八戸広域圏外に出るバスとその運賃の齟齬（2012 年 1 月）

長が 710 円から 300 円、八戸から五戸までの乗車で 1120 円が 500 円、乗継乗車となる田子までだと 1750 円が 800 円になるなど、半分以下になった区間もある。

　一方、八戸市域を外れて岩手県に跨る場合、隣接していても都市間利用の上限 500 円運賃も適用されない。その場合、市域の境界まで 300 円だが、その先は従前運賃の適用となるので、運賃が 1 停留所で数百円上昇するという齟齬が生じる（八戸－軽米・大野［洋野町］線など）。市域の最長バス停までの運賃 300 円を一旦精算して、そこから目的地までの運賃を加算するのが合理的なので、当初はその支払いを推進したようだが、翌年からは、圏外区

間の運賃収入を少しでも確保するためか、始発から目的地までの規定運賃を徴収している。

なお、この八戸広域圏の市内300円、隣接自治体500円の上限運賃などは、試行期間2年間とされてきたが、それなりの成果はあり、2013年10月以降本格実施されたという。

(2) 上田市域での対策

長野県上田市の路線バスは、従来から千曲バス、上田交通（現在上田バス）、JRバス関東、川中島バスの4社が競合していた。また、昭和末期から平成にかけての路線バスの縮小再編の後、丸子・真田町と武石村は、独自にコミュニティバスや福祉バス、デマンドバス等を導入しながら2006年に同市に合併し、さらに南接する長和町では、町内のバスを100円均一運賃としたため、煩雑かつ不公平な運賃体系になっていたと考える。

新上田市では、2013年10月1日より、距離制だった民営バスの市内区間運賃を、簡略・値下げする施策が、当面3年間実験的に実施された。その概要は、市域を3つのエリアに分けて、50円刻みの段階運賃として、最大500

写真6-6　上田市内の1区画300円・市内上限500円
　　　　（最大1350円→500円）運賃チラシ

円を基本としている。現実の運賃額としては、従前300円までは50円刻みで10円単位を切り捨て、同一エリア内は300円が上限となり、エリアを跨ぐ場合は500円を上限として、遠距離になると半額程度となっている。すなわち遠距離逓減効果が大きく、最も遠い巣栗上（1360円）や西菅平（1300円）も500円としている。この施策は、広域合併により、大方の路線が上田市域内で完結しているので、1市の施策として実現しているが、JRバス関東が参加しなかったためか、上田駅から丸子までの運賃が、千曲バス300円・JRバスは従前の670円等、格差が生じたり、市域外となる青木までは、前記した巣栗上などよりずっと近いのに、従前運賃の660円が継承されるなどの矛盾も生じている。

　また、上田駅から別所温泉までは、上田電鉄（地域鉄道）と路線バスが共存するが、この間の運賃は、バスは300円（旧運賃でも400円）に値下げされたのに、鉄道570円のままである。この場合、鉄道利用も考慮すべきだったのに、バスのみ運賃値下げされたので、鉄道が利用されにくくなる危険にあると考えられるであろう。地域鉄道に並行した路線バスの運賃値下げによって、鉄道とバスの運賃が逆転した事例は、全国的にも、津軽鉄道（青森県）やいすみ鉄道（千葉県）沿線などで散見できる。

　八戸と上田の事例は、行政サイドも含めて検討された路線バス活性化策の一環であり、市域内に上限運賃を設定してバスの割高感を解消させる実証実験と言えよう。路線バスに安く手軽に乗ってもらう効果は大きいと考えるが、対象地域や路線が限定されるため、前記のような矛盾や運賃格差が生じる部分が発生している。なお、両市とも、利用者が相当増えないとバス事業者は減収になるが、行政サイドからバス事業者への補填・補助については、未調査であり、定かではない。

7　デマンドバスの問題

　デマンドバスとは、路線バスの利用が極めて少なくなった地域（区間）または、人口希薄地域への自治体の新たな交通サービスとして、利用の予約が入った便（時間）のみ運行する形態のバスで、2006年の道路運送法改正以降、全国的に急増してきた。もともと利用が些少だった地域・路線なので、何十人ものまとまった予約が入る可能性は低いため、車両はワゴンタイプかセダン型のタクシー車両が使われるケースが大半なので、制度上は乗合バスだが、デマンドタクシーと称する地域も多い。

　デマンドバスの運行形態は、随時予約が可能（フルデマンド）な一般タクシーに近いものから、路線バスと同様にダイヤ（設定回数は色々で、それによっても利便は異なる）が設定されていて、予約があった便・区間だけ走るものまで多様だが、過半は、区域と概ねの時間帯を決めて、利用状況に合わせて最適なルートで運行する形態を採っている。土休日は運休するケースが多いし、曜日ごとに方面を限定して運行するケースも多い。利用も、登録制になっていたり、利用を地域住民、さらにはその高齢者に限定する等、さまざまである。

　群馬県前橋市は、2004年に大胡町と粕川・宮城村を合併したが、翌2005年からその地域に、フルデマンド方式で土休日も運行するデマンドバスを導入した。旧3町村地域を広範囲に利用できてかつ運賃200円均一なので、相当の過剰サービスとなっている。また、上毛電鉄の沿線も利用可能なので、利用促進を図っている同鉄道にマイナスに作用するなど、既存の交通体系に悪影響を与えかねない状況でもある。

　デマンドバスに移行すると、電話予約は必要だが、路線バスより利便が向上するのが通例だし、空のバスが走らなくなる分、利用者に対する運行コストは減る一方で、システムの導入維持経費が多額である。したがって、経費の面から、運賃はバスとタクシーの中間程度の設定が妥当と考えるが、多く

は均一性や段階運賃で、最大運賃も 500 円程度を上限とするケースが多い。そうした過剰サービスは、公共交通のデフレ基調を促すとともに、従前からのタクシー利用を、デマンドバスにシフトさせて交通体系を乱しかねない危険が生じる。近年、中山間自治体ではもちろん、地方都市内や近郊でも、運賃の割にサービス過剰なデマンドバスが導入されるケースが増えているが、既存の交通事情をよく検討して、デフレ基調に押されたサービス水準を逸脱した割安運賃が導入されないことを望むものである。

8 おわりに

　路線バス運賃のデフレ基調は、1990 年代に始まる自治体主導のコミュニティバスに端を発していると考える。それは、大都市近郊の単一自治体に限定して導入された安価な運賃だったが、1990 年代末期からは、成人のバス利用が些少な地方都市へも波及し、民営バスの一部では運賃値下げや各種の割引施策が行われる中で、デフレ基調を促進させ、自治体主導のバスと民営バスの運賃格差や矛盾につながっていった。

　こうしたバス運賃の問題の本質は、かつて民営バスが独立採算を基本として設定した運賃が高騰した中で、バス離れが許容を越えて進んだこと、均一運賃や運賃無料のコミュニティバスが各地で誕生し、同一地域内で運賃の違うバスが複数混在してしまったこと、それに加えて、高齢者や小中学生層などが自治体から優遇を受けたのに対して、高校生や一般成人市民などのバスを多用して欲しいはずの層が、割高感のある運賃を払ってバスに仕方なく乗らざるを得ない状況がもたらされたことなどに起因すると考える。

　近年（2005 年以降）になって、それらの本質的課題を解消すべく、広域圏での運賃値下げや市民への運賃補助等が導入される傾向になった。八戸市や上田市は、行政の政策に民営バスが同調する形で、運賃の実質値下げが行われてきた。しかしそれは、単一自治体あるいは限定された地域や事業者の政策なので、一方で、八戸市のように市の境界を跨ぐと運賃に格差・矛盾が

生じるケースもあるし、上田市や前橋市内で想定される状況として、従前から活性化や利用促進のための助成が続いてきた地域鉄道の利用者が、デフレ的に運賃設定された路線バスやデマンドバスに移転することが懸念される。

みなかみ町におけるバスカード購入補助制度は、運賃格差やそれに伴う矛盾を解消し、年齢層に関係なく住民全体がバスの運賃逓減効果を享受できる点で評価できる。しかし、単一自治体の政策であり、隣接自治体市民に適用されない点では、自治体間の不公平感がぬぐえない。路線バスの運賃の問題は、周辺地域と連携しながら、広域的な運賃体系の在り方を検討していくことが根本的な課題だと考える。

※本章に載せた写真や写真にとりこまれた資料などは、全て筆者が撮影または収集・所蔵しているものです。

注
1) 社内報東武 1995 年 6 月号「埼玉県 4 市の循環バス運行を受託　バス事業本部」。
2) 朝日新聞 2000 年 9 月 9 日「我が街快走中！　100 円バス」。
3) 交通新聞 1998 年 6 月 22 日「遠鉄、バス運賃値下げ」。
4) 交通新聞 1999 年 10 月 5 日「長距離区間に上限運賃　遠州鉄道路線バス値下げ申請」。
5) 市販の鉄道主体の時刻表（近年は交通新聞社と JTB パブリッシングが月刊で発売）。
6) 群馬バスと群馬中央バスが運行割合を決めて競合してきたが、1990 年代末期に群馬バスは撤退した。
7) 路線バスは、経費の大部分を人件費が占めるため、自主運行路線（高速バスも含めて）の運賃水準は、30 分乗車して 500 円、1 時間乗車 1000 円が標準と言われることがある。
8) 公共交通機関利用に関する市町の助成制度（平成 22 年 5 月）に関わる福井県提供資料による。

参考文献
大島登志彦（2002）『群馬県における路線バスの変遷と地域社会』（上毛新聞社）。
大島登志彦（2009）『群馬・路線バスの歴史と諸問題の研究』（上毛新聞社）。
大島登志彦（2011）「地方私鉄の現状と課題を考える」『鉄道ピクトリアル』第 61 巻第 8 号（鉄道図書刊行会）。
大島登志彦（2012）「高崎市の路線バスの変遷とそこに内在した諸問題の考察」高崎経済大学産業研究所編『新高崎市の諸相と地域的課題』（日本経済評論社）。
鈴木文彦（2001）『路線バスの現在・未来』（PART1・2、グランプリ出版）。
寺田一薫（2002）『バス産業の規制緩和』（日本評論社）。
寺田一薫編著（2005）『地方分権とバス交通』（勁草書房）。

第7章

任せることの難しさ
――官民協働の現場における人々の取り組み――

藤本　哲

1　はじめに

　失われた20年[1]などと称されることが多い、その長い不況について、主な原因がデフレーションにあるとする主張がある。その当否について論評する知識も能力も筆者は持ち合わせないので、それは専門の方々に任せたい。ただ、長い不況が続いてきたことは確かである。また、国の経済政策の結果として好況に転じたとしても、その好況は永遠に持続することはなく、景気は変動するものであるから、それに備えておくことはいつでも欠かせないであろう。

　個別企業の売上高の増減に強い影響を持つのは、その時々の景気の状況であり、当該個別企業に所属する人々の努力が与える影響力よりも大きい、という考えがある。相手が買ってくれることで初めて売り上げが立つわけで、自分だけの都合で売り上げを伸ばすことはできない。不況で収入を拡大することが困難ならば、個別企業としてできることは、まず経費の削減に取り組むということになろう。経費を削減する方策はいくつかあり得るが、その一つに人件費の削減がある。人件費を削減するための方策はいくつもある。役員報酬の削減、管理職手当の削減、賞与の削減、従業員の給与水準の削減、成果主義賃金制度の導入、役職定年制度、従業員数の削減、パート・アルバイト従業員や派遣従業員といった非正規労働者への転換、下請け企業への外注化、自社の事業所の内部で請負業者に作業を委託する、大企業ならばより

賃金水準の低い子会社等への従業員の出向と転籍、などといったやり方が思い浮かぶ。受注する下請け企業にとっても良いことばかりではない。仕事を受注するに当たっては競合他社との競争があり、受注金額削減の圧力は常にかかっている。したがって下請け企業の段階でも、同じように人件費削減およびその他の経費の削減に取り組まなければならないことになる。

　この辺りの事情は、国や地方公共団体にとっても似たようなものであろう。企業が赤字ならば法人税を徴収することはできないし、黒字であっても不況下では利益が少ないため法人税額は少なくなる。消費が低調になれば消費税の税収が落ち込むだけでなく、物の価格が下落していけば消費税額も小さくなる。地価が下がれば固定資産税も下がる。発泡酒や第3のビールが開発されたのは、酒税の税率が低い分類の酒でビールと同様の味わいのものを作れば、より低価格で売り出すことが可能になるからである。また発泡酒や第3のビールは本来のビールの代替財であるから、発泡酒や第3のビールの売り上げが伸びれば、本来のビールの売り上げが浸食され、酒税の税収は減る。

　この間、公務員人件費の削減が求められ、民間と同様の施策が導入されて普及してきたようである。公務員の給与水準の削減をはじめ、退職金の切り下げ、給与水準の低下に伴った年金の削減がある。また定員の削減と非正規職員の拡大が進んでいる。市役所の窓口に行けば、そこで働いている人々の何割かはパートタイム労働者であろう。水道メーターの検針業務が民間企業に委託されている地方自治体もある。コンピュータ・システムの日常的な管理のために、受託会社から派遣されてきた人がいるであろう。公共施設の維持管理だけでなく事業運営そのものまで丸ごと民間事業者に委託しようとする指定管理者制度も始まった。施設の建設から民間資金を活用しよう、あるいは建設から運営まで民間資金と活力を活用しようという、PFI（プライベート・ファイナンス・イニシアチブ）制度も始まった。総じて、公共の福祉に資する事業を民間事業者に任せる度合いを高めようという方向になっている。

公共に資する事業を民間事業者に任せるというのは、この長い不況を契機に始まったわけではなく、従来から行われていた。家庭ゴミの収集業務が民間企業に委託され始めたのは、1990年代からのデフレーション不況が始まるよりも随分前からであった。未就学児童の保育を担う機関は、公営の保育所と民営の保育園があるが、民営の事業所が大半を占めているのが実情であり、これも随分前からそうであった。日本国有鉄道、日本電電公社、日本専売公社の民営化は、中曽根政権の時代に実施された。郵政関連事業の民営化は小泉政権時代に実行された。したがって、公的な事業を民間の事業者に任せるというのは、古くて新しい課題であり続けており、これからも続くものである[2]。

業務の一部もしくは全部を任せるとしても、委託する側が求める業務遂行の質や量を確保するのは、必ずしも簡単ではない。任せるということには、ある種の難しさを伴う。本章では、任せることに関わる経営組織論の先行研究を紹介し、質的に大きく異なる組織への委託事例として官民協働事業を取り上げて検討する。

2　任せることにかかわる先行研究

経営学では、経営組織における不確実性と情報処理の側面に注目し、経営組織は情報処理システムであるととらえる見方がある。これを経営組織の情報処理システム観と呼ぶ。その主唱者はジェイ.R.ガルブレイスであり、主著はガルブレイス（1973）であるといえよう。ここでは、主に金井（1999）による解説（146〜159頁）に基づいて、任せることについて考えていきたい。

(1)　任せることの第1段階

次のような状況を考えてみよう。自分1人で始めた事業が軌道に乗り、忙しくなったので、従業員を1人雇うようになったとしよう。その従業員に対

して、やってもらう作業を詳しく説明し、その通りにやってもらうことから、任せることは始まると思われる。例えば宋・工藤（2006）に紹介されている、第1号社員への任せ方の記述（27～31頁）があてはまると思われる。これはいわゆる頭と手の分離であるといえる。その次の段階では、業務手順書の作成を考えることになるだろう。

　任せる相手がもう1人増えて2人となり、そして3人となり、と増えていくならば、業務手順書の作成に取りかかるだろう。これは教える作業それ自体を能率的にするためにも役立つだろう。

(2)　業務手順書や規則の作成

　ガルブレイス（1973）は、組織を取り巻く不確実性と組織設計について、よく知られた理論を主張した。相互に関連し合った仕事を調整する最も単純な方法は、求められる具体的な行動を定義するために、業務手順書や規則、あるいは計画などを作成することであろう。

　業務手順や規則の本質的な機能は、求められる行動を遵守させるというよりも、組織成員同士の間でのコミュニケーションの必要性や、組織の中の部門同士の間でのコミュニケーションの必要性を減らすことにある。多くの人々が働く組織の中で、業務手順や規則がほとんど定まっていないとしたら、どのような事態が生じるかを想像してみる。自分の仕事に関係する他の人々が、きちんと仕事を進めているかどうかを、頻繁に確認するためのコミュニケーションが多数発生するだろう。どこまで進んでいるのだろうか、そもそも真面目に取り組んでもらえているのだろうか、他の仕事を優先させるという理由で自分に関係する仕事が後回しになっていないだろうか、などと心配事は限りなく増えていきそうだ。また逆に自分の仕事の進捗状況を頻繁に伝えることになるだろう。それに対して業務手順や規則が詳しく定まっており、また計画が立てられること、かつ、組織成員達がそれらに従って業務を遂行している、ということを信頼できるなら、組織成員同士の間でのコミュニケーションの必要性は減るだろう。

不確実性が全くない状況では、組織が行う活動や組織成員の活動は全て規則化あるいはマニュアル化することが可能になる。計画は乱されることなく滑らかに実行される。そのような組織がどのようなものかを、より詳細に考えようとするならば、それは Burns and Stalker（1961）の言う機械的管理システム（mechanistic management system）を思い浮かべればいいのかもしれない。あるいは Weber の言う官僚制システムを思い浮かべてもいいかもしれない。Burns and Stalker（1961）の機械的管理システムとは、桑田・田尾（2010）によると、安定的な外部環境に適合した内部管理システムで、規則や手続き、明確な責任－権限の階層化等の特徴を持つ（85～86頁）。Weber の官僚制システムとは、金井（1999）によれば重要な特徴として以下の6点を持つ。それらは、官僚制的規則、官僚制的階層、書類や文書に基づく職務執行、専門的訓練を前提とした職務活動、フルタイム（専従）で働く職員、規則に基づく職務執行、である。これらの6つの特徴を持つ組織は、職務遂行の正確さ、迅速さ、一貫性、没人格性（情実の排除）など、肯定的な効果を持つものとされていた（160～162頁）。

（3）　規則と例外原理

　その組織を取り巻く環境に不確実性が全く存在していないような組織は現実には存在しない。大なり小なりの不確実性が組織を取り巻いている。そのような不確実性に対して、どのように組織を設計していけばいいのかをガルブレイスは説明している。組織を取り巻く不確実性が極めて小さな段階に止まっている場合には、業務手順書や規則、また計画等を作成し、それに従って業務を遂行していても、それほど問題は生じない。

　しかし、組織の直面する不確実性が少し大きくなると、規則や手順では取り扱うことのできない例外事象が発生することになる。組織の最前線で業務に取り組んでいる現場の組織成員は、規則や手引き書に記載されている通りに行動することが定められているため、例外事象に対処する方法が分からないことになる。そこで例外事象が発生した時には、上司に伺いを立てること

が求められる。つまり上申である。例外事象に関する上申を受けた上司は、自らその例外事象を処理するべく乗り出すか、もしくは処理の方法を指示して部下に対応させることとなる。これがいわゆる例外原理あるいは例外による管理と呼ばれるものである。

　1人の上司は複数の部下を担当していることが通例のため、上司のところに集まってくる例外事象は、総計では多くなる。そのため現場の段階では例外的な事象であっても、上司の段階では日常よくある事柄となる可能性が高い。したがって、それらの事象から規則性を見いだし、有効な対応方法を発見し、処理していくことがある程度は可能になる。つまり、現場段階では例外事象であっても上司段階では例外事象ではなくなるのである。

　ここで見いだされた事象の規則性は、新たな、もしくは追加的な、業務手順や規則が作成される元となる。新たに、もしくは追加的に、作成された業務手順や規則は、上司段階の業務手順や規則として作成されるだけに止まらず、場合によっては現場段階の業務手順や規則に取り入れられることになるだろう。

（4）　目標を設定しやり方は任せる

　組織を取り巻く不確実性が更に増大してくると、業務手順書や規則では対応することができない例外事象が更に増え、上司に伺いを立てる頻度が高くなる。そのような事態になってくると、上司は例外事象の処理に忙殺されるようになりパンク状態となるであろう。勿論、数多く集まってくる例外事象を分類し、規則性を見いだすことで、新たな規則や手順を作り、追加することができれば、その分については現場の組織成員に対応を任せることが可能となる。しかし十分な規則性を発見することができず、業務手順や規則の追加にも至らない例外事象が数多く残り、それらがなお多過ぎる場合は、上司はそれら例外事象の処理に忙殺されるようになるだろう。そのような事態への対応策として、目標による管理が必要になるとガルブレイスは言う。

　例外事象への対応に上司が対応しきれなくなる段階に突入するとは、規則

性を見いだした上で業務手順や規則に落とし込む余地がなくなってしまったという状態になることである。そのような状態に至った場合には、直面する問題に対して対応する方法や方策の案出と実際の対応行動（これらは一貫性を見いだすことができない諸事象への対応となり、必然的に場当たり的なものとなる）とを一組にして部下に任せる、つまり権限委譲するしかなくなる（このような状態の時には、部下の取る行動に対して、行動の一貫性や整合性を求めることはできない。行動の一貫性や整合性を取ることができるなら、それは業務手順や規則に落とし込むことが可能である）。その代わりに、達成すべき目標水準を示して、その達成に責任を持たせることになる。これが目標による管理である。

例外による管理の段階と目標による管理の段階との間には質的な転換が生じている、あるいは断絶があるといえるだろう。例外による管理の段階における部下は、業務手順や規則あるいは上司の指示に従って、その通りに動くことが求められ、目標達成への責任からは免れている。目標達成への責任は上司が負っている。ところが目標による管理の段階における部下は、達成すべき目標を与えられ、責任を割り当てられているにも関わらず、どうやってその目標を達成すればいいのかについて孤立無援の状態に置かれている可能性がある。ここでは従業員を育成する目的のために権限を委譲することは除外して考えている。つまり、発見可能な規則性は発見され尽くしており、上司にでさえどうすれば良いのか皆目見当が付かない状態になってしまっているのである。

リーダーシップ理論における経路－目標理論（pat-goal theory）は、構造づくりのリーダーシップ行動を通じて、リーダーが部下の目標達成を援助することが有効であると指摘する。経路－目標理論は Evans（1970）や House（1971）に代表される。リーダーシップ理論の中でも主要な位置を占めるリーダーシップ行動論においては、リーダーのさまざまなリーダーシップ行動の多くは、大きく2種類、構造づくり（initiating structure）の行動と配慮（consideration）の行動に分類できる。主要なリーダーシップ諸理

論をレビューした金井（1991）によれば、リーダーの構造づくりを、目標にいたる経路を明確化する行動としてとらえ、リーダーの配慮を、仕事の遂行そのもの（経路を歩むプロセス）を円滑にする行動としてとらえることによって、リーダーシップ論と動機付け理論との統合を図ろうとしたのが、経路－目標理論である。リーダーシップ有効性は、努力すれば業績が達成され、業績の達成が報酬をもたらすという部下の期待や報酬の量についての部下の認知に、リーダー行動を通じて働きかけることによって実現するというのが、エヴァンズやハウスの基本的な考えであるとする（123頁）。ここではリーダーによる構造づくりの余地があるので、不確実性は大きすぎないと考えられ、また追加的な規則性の発見余地が残されている状態のようだ。

　ガルブレイスは、組織を取り巻く不確実性がさらに増加した場合に、組織が取り得る方策をいくつか指摘している。第1は余裕資源の創出である。納期の延長、認められる費用の上限を上げる、仕様における条件の緩和など、制約条件を緩和するために必要な余裕資源を創出し、追加的に与えることである。第2は自己充足的課題の創出である。通常は、組織の中で、自分たちの部門は他の複数の部門と関連し、相互依存関係にあるものである。その依存関係の度合いに応じて、他の部門の状況に自分の部門が影響を受けてしまう。その影響を無くすためには、自分の部門に必要な機能業務を遂行する専用のサブユニットを自分の部門の中に保有することが考えられる。さまざまな機能サブユニットを自分の部門に取り込むことで、他の部門からの独立性を高め、相互依存性を減少させることができる。

　個人は責任を与えられれば動機づけを高め、より高い成果を挙げることができる、とする主張があるが、これが成り立つのは、ある特定の条件下に限られるのではないだろうか。第1に、責任を与えられた部下自身によって規則性を発見できる余地が残されている。第2に、部下に対して余裕資源が追加的に与えられ、その追加資源を利用することによって課題解決が促進される。第3に、自己充足的な課題の創出によって、それまでの制約から解放され、以前にはできなかった事ができるようになる。自己充足的課題の創出と

は、モジュール化と表現してもいいかもしれない。

3　権限委譲と熟練

　ガルブレイスの主張によれば、例外による管理の段階からさらに不確実性が高まると、目標による管理の段階へ移行して現場に権限委譲がなされるとあるが、発見されるべき規則性が発見され尽くしているのならば、現場の人々は何に依拠して仕事を遂行するのだろうか。これを考えるために役立つと思われるのが、Perrow（1967）による組織の技術と組織の構造との関わりについての理論枠組みである。

(1)　技術と組織構造との適合的関係

　Perrow（1967）が技術と組織構造との適合的関係を媒介するものとして注目したのは、組織の問題解決活動である（加護野、1980）。まず技術については「Perrow（1967）は技術を『個人が、道具ないし機械の助けをかりて、あるいはその助けなしに対象に何らかの変化を加えるために行う行為』と定義」（加護野、1980、82頁）しており、このことによって多くのさまざまな類型の組織の技術を含めうるような幅広い定義となっている（Lynch, 1974, p. 338）。

　技術の類型は、Perrow（1967）において、問題の分析可能性と例外頻度によって分類されている。「問題解決に要する行為は、素材の特性に応じて異なる。素材が安定的であれば、問題発生の頻度は小さく、少数の例外処理行為が必要になるにすぎないであろう。逆に、素材が変異性に富む場合には、新規な事態が不断に発生し、多様な例外を処理する行為が必要となる。他方、成員が素材について十分な知識をもっている場合には、例外の処理も分析的に行いうるであろう。しかし、個人が素材について十分な知識をもたない場合には分析は困難であり、直観、経験、推測、僥倖に依存した問題解決活動が必要となるであろう。」（加護野、1980、83頁）とある。問題の分

	例外の頻度	
	少ない	多い
問題の分析可能性　困難	工芸産業 （工芸ガラス） セル1	ノン・ルーチン （航空・宇宙産業） セル2
問題の分析可能性　容易	セル4 ルーチン （鉄鋼ミル・ネジ・ボルトの量産）	セル3 エンジニアリング （重機械、重電機）

出所）加護野（1980）、83頁、図2-3「技術の類型」。

図 7-1　Perrow（1967）による技術の類型

析可能性が困難であるか容易であるか、例外頻度が少ないか多いか、これらによって Perrow（1967）は技術を4つの類型に分ける。問題の分析可能性が困難で例外頻度が少ない場合は工芸産業、問題の分析可能性が困難で例外頻度が多い場合はノン・ルーティン、問題の分析可能性が容易で例外頻度が多い場合はエンジニアリング、そして、問題の分析可能性が容易で例外頻度が少ない場合はルーティンとされている（図7-1）。

　ここで注目するのは問題の分析可能性である。問題の分析可能性が高いとは、素材についての知識が十分にあるということである。素材についての知識が十分にあるとは、routine（ルーティン）、engineering（エンジニアリング）、craft（工芸産業）という用語が使われていることから推察すると、理論的なあるいは技術的な解明がされている状態だと思われる。理論的なあるいは技術的な解明がされている領域においては、その中で例外の頻度が高い場合はエンジニアつまり技師が主に取り扱い、例外の頻度が低い場合は非熟練労働者が仕事を担うことができるよう、詳しい標準作業手続きが設定されていることになる。

（2）　不確実性と熟練

　それでは理論的なあるいは技術的な解明が進んでいない領域ではどうかと

いうと、例外の頻度が多い場合は non routine と名付けられ（代表的な産業分野として航空・宇宙産業が挙げられている）、例外の頻度が少ない場合は craft（代表的な産業分野として工芸産業が挙げられている）と名付けられている。ここでの craft は、理論的なあるいは技術的な解明が進んでいない領域を扱うのであるが、そこで彼らが頼りにしているのが熟練である。

　理論的なあるいは技術的な解明が進んでいない領域での活動においては、意思決定のための情報が不足しており、つまり不確実性が高い状態にある。このような状況で仕事を進めるために必要なのが熟練であるなら、不確実性を取り扱うのに、熟練は役割を果たしていることになるだろう。権限を委譲する上司の立場からすると、上司自身が扱いかねている不確実性を現場に委ねるのは、現場が熟練を有しているからこそ、ということになる。

　業務を任せる側は、そのやり方が分からないから、熟練を有している人あるいはやり方の分かっている人に任せることになる。必要な経費をより安く抑えつつ求められる業務を完全に遂行する方法が、自分たちには分からないので、分かる人々に外注し任せることになる。業務の一部を入札にかける時、それに応札する業者はやり方が分かっている業者である、という前提があることになる。

4　任せることの難しさ

(1)　任されるほど上司の意向が気になる

　金井（1990、1995）は任せることの体系的分類枠組みを提案した。この分類における2つの次元は、任せることの目的と、任せる側にとっての事業知識である。任せることの目的は、育成、動機づけ、発見の3つに分類され、任せる側にとっての事業知識は、既知と未知に分類されており、都合6種類の分類枠組みである（表7-1を参照）。これら3つの目的も、また6つの分類も、広い意味での人材育成に関わっている。

　新人を育成するために仕事を任せると、新人は上司の意図を探ろうとし

表 7-1 任せることの体系的分類枠組み

目的（何のために「任せる」か） \ 事業・業務・仕事の知識（「任せる」側にとって）	既　知	未　知
育　成	セル 1 例外管理 技術管理	セル 2 鍛錬 逆（上方向）技術移転
動機づけ	セル 3 初期成功体験 垂直的業務拡大	セル 4 挑戦・ロマン 企業者精神喚起
発　見	セル 5 選抜・配置 自己発見	セル 6 人材発掘 戦略的議論 環境探査

出所）金井（1995）、81頁、表3 「任せる」ことのタクソノミー（体系的分類枠組み）。

て、ますます上司への依存度が高まってしまうという、金井（1995）の指摘は示唆に富む。新人は仕事を任せられたといっても、その新人による新たな提案は、上司によって認められなければ実行されることはない。その提案は差し戻され、考え直すように指導される。どのようにすれば認められるのかを新人は自分の頭で考えた結果、上司の意図あるいは腹案を探るのが近道だと悟る。これは、自律的に動ける人材を育成したいという意図で「任せた」といいながら、実は上司への依存度を高めている、つまりいつも上を見ている、という意味で金井（1995）はこの現象をヒラメ・パラドクスと名付けている。

　しかしながら、この過程は、ある程度の試行錯誤を経験させ自分で考えさせることにより、その組織における価値観や考え方を効果的に身につけさせることになるだろう。つまり、頭ごなしにやり方を押しつけられるよりも、自分で気がついたという過程を経ることになり、組織社会化の過程としてはより効果的であるといえるかもしれない。とはいえ、自律的に考えて動ける人材を育成したいという目的には寄与しないように見えるため、パラドクス

と呼ばれるのだろう。

(2) 規則集体系の不完全性

　任せることの初期段階は業務手順書や規則の整備であるが、ここを追求するのにも難しさがある。詳細で膨大な業務手順書や規則の体系ができあがったとしても、それが詳細で膨大であればあるほど、それらを完全に覚えておくのが容易ではなくなる。そもそも、やるべき事柄を全て網羅しかつ完全に整合性がとれている、さらにはあらゆる条件においてそれらが成り立っているような、完全なる業務手順書や規則は作れない。

　また、事前に想定していなかった事態が起きるのも、世の常である。そのため、あらゆる事態を想定して業務委託契約書を作成しても、想定外の事態が発生するたびに協議が必要になる。

　生産職場の知的熟練に関する膨大な研究で知られる小池和男は、そもそもマニュアル化されない作業も結構存在すると指摘する。小池らによれば、作業には普段の作業と普段と違った作業（小池らによる表記は「ふだんの作業」と「ふだんとちがった作業」）の2種類がある。普段の作業とは、日常よくある作業であり、整備されたマニュアルがありその通りにすればうまくいく作業や、マニュアルにするまでもなく実行可能なよくある作業である。普段と違った作業には、問題への対処と変化への対応の2種類がある。問題への対処とは、問題の原因を推理し、その原因を直し、不良品を検出することである。変化への対応とは、製品の種類の変化、生産方法の変化、人員構成の変化に対応することである（小池、1997）。普段と違った作業はマニュアル化されないと、小池らは主張する。「（イ）なぜふだんとちがった作業を規格化できないか。変化と異常は思ったより多様で、マニュアルに書きこむと、あまりに厚くなりすぎ、マニュアルの用をなさない。さらに、しいて規格化すると効率が下がる。」（小池・猪木、1987、16～17頁）と述べる。

　業務手順書や規則の整備が難しい作業の場合、その作業の生産性を高めるためには、作業者の熟練を向上させることが欠かせないということになる。

業務を任せる側は、任される側の熟練を信頼するだけでなく、個人および人材群の熟練が維持・向上し続けられるよう配慮する必要があるだろう。

5　官民協働事業への注目

　経営学における、任せることの難しさに関わる諸研究から分かったことは次の3つである。第1に、業務手順書や規則に全て書ききることはできない（規則集体系の不完全性）。第2に、業務手順書や規則に落とし込めない不確実な事象を取り扱う人々が依拠するのは熟練である。第3に、任された人が上司の意向を探ろうとするヒラメ・パラドクスが存在する。このような任せることに伴う難しさについて考えるための事例として官民協働事業、なかでもPFI刑務所に注目した。その理由には3つある。

　第1は、民間企業が民間企業に業務の一部を任せる場合よりも、官と民という全く異なる性質の組織同士での事例なら、違いすぎるために、問題の表面化が起きやすいのではないか、ということである。民間企業同士の合併の事例では、合併後に組織文化の違いがもとで組織の融合が遅れるといった言説がよく出てくる。また仕事の進め方の違いや用語の違いで、どちらに合わせるかで主導権争いがあるといったことも、比較的よくいわれることであろう。官と民の組み合わせでは、お互いの性質が違いすぎるために、その違いから来る不都合や、さまざまな事柄に気づくことが多くなりそうである。

　第2は、公表資料の多さである。民間企業同士の事例では、企業秘密や特定の個人に関わる事柄など、表に出しにくい事柄が多々あると想像される。また、民間企業は市場競争にさらされているため、どんな情報が自社を不利にするか、事前には見通せないことから、情報公開には慎重にならざるを得ない。さらに、取材が実現したとしても、そこで得られた情報の全てを研究の資料として使えるわけではなく、公表可能な情報のみが使えるだけである。研究倫理の観点から配慮が求められる。それに対して、公共の事業は競合相手が基本的にいないため、情報を出すことの心理的障壁が民間企業に比

べるとその分低くなると思われる。またPFI刑務所の場合では、導入を検討する段階からさまざまな情報が公にされ、入札にあたっての業務仕様書などの資料が豊富に公開されている。さらに、多くの論文や書籍が出版され、多くの情報が利用可能になっており、なかでも当事者が執筆した書籍・論文等がある。そして最も特徴的なことは、法務省の官僚や刑務官、刑法関係の研究者等が原稿を執筆している雑誌『刑政』の存在である。『刑政』は刑務官を主な会員として構成される矯正協会の発行である。PFI刑務所に関連する記事も掲載されている。

第3は、官民協働事業として他の種類の事業についての文献資料が参考にできることである。例えば指定管理者制度に関しては、論文や書籍だけでも多数存在する。また新聞記事の収集も新聞記事データベースの利用により、比較的容易である。

以上のように、多くの資料・文献が公表されており、実際に運営の経験を経て分かった問題点等もそれらの文献に盛り込まれている可能性が高い。利用可能な文献の豊富さがPFI刑務所に注目した理由である。

(1) 詳細な業務仕様書とその不完全性

本章執筆時点において、日本におけるPFI刑務所は、美祢社会復帰促進センター、喜連川社会復帰促進センター、播磨社会復帰促進センター、島根あさひ社会復帰促進センターの4カ所である。そのうち喜連川社会復帰促進センターと播磨社会復帰促進センターは、施設の建設を国が行い、運営業務の一部委託を行うものであり、美祢社会復帰促進センターと島根あさひ社会復帰促進センターは、運営業務の一部と施設整備を民間委託する形態である。

業務委託にあたっては、要求仕様を可能な限り詳細に明確化することが必要である。施設整備や運営を委託する国の側にとっては、どのようなことをどの程度の水準で実現・実行してもらいたいのかを可能な限り明確にする必要がある。国は多数の刑務所を整備し運営してきた実績がある。国自身によ

って刑務所を新設するならば、必要な予算を見積もるためにも詳細な計画の作成が欠かせない。他方、受託する民間事業者の側にとっては、どのようなことをどの程度の水準で実現・実行しなければならないのかを詳細に知りたい。入札に応札する際の金額を決めるためには、詳細な見積もりの作成や長期的なリスクの評価などが必要である。そのため、法務省によって詳細な仕様書が作成された[3]。

　各種の仕様書等の書類の中で、とりわけ重要と思われるのは、「施設整備・維持管理業務要求水準書」（例えば、法務省、2004b、2006b）と「運営業務要求水準書」（例えば、法務省、2004c、2006c）であろう。要求水準書と題されている通り、何をしなければならないのか、そして達成水準について詳細に書かれている。とはいえ、そこに書かれていることだけでは分からないこともあり、応札予定業者から質問を受け付け、それに対する法務省からの回答が得られる機会が設けられた。それらの質問と回答の一覧表も公開されている。

　業務要求水準書には全てが書ききれてはいないと、喜連川社会復帰促進センターの業務を請け負う民間事業者の総括業務責任者の立場にあった人が指摘している。「事業運営に求める事柄のすべてを、要求水準書に落とし込むことは不可能であることは理解できます。しかし、要求水準書の最後のページに近づくにつれて、行うべき業務は難しく、幅広い業務であるのになぜか、字数もページ数も少なくなり、蓋を開けてみたら盛りだくさんの内容が詰まっていると感じられる状況にありました」（北川、2012）。詳細な業務仕様書とはいえ、それでも書ききれないのが現実のようである。

　現場の段階においても、松永（2011）によれば、民間の派遣職員に対して業務内容を分かりやすく説明できなかった場面、そして業務内容について質問を受けても十分に答えられない場面が多かったようだ。また中澤（2012）によれば、PFI事業者の行う支援業務（国の職員が行う業務を支援する業務）については、官と民との業務分担が必ずしも明確ではなく曖昧な部分があるため、業務分担については官と民で協議をした上でないと後々問題が起

こりかねないこと、そして支援業務とは国が主となって行う業務の一部をPFI事業者が支援するのか、国が行う業務の全てを支援するのかが非常に問題となると指摘する。

(2) 給食業務に関する記述

運営業務要求水準書を読む中で気がついたのは、給食業務[4]に関する部分が、意外に詳しく書かれていないのではないかということである。島根あさひ社会復帰促進センターの運営業務要求水準書（法務省、2006c、16〜17頁）を例に取ろう。献立の要求水準として、「受刑者に満足される食事を提供する」とあるのだが、客観的な指標の設定は難しそうである。また「新鮮な食材、質の良い調味料などを使用し、衛生的に調理を行う」とあるが、定量的な定義ではない。さらに「『矯正施設被収容者食料給与規程』（平成7年法務省矯医訓第659号大臣訓令）等に従い、給与熱量、栄養量、季節感などを考慮して献立案を作成し、センター長の承認を受ける」という部分については、センター長の承認を得られる献立案がどのようなものか、入札前には分からない。

刑務所における食事の重要性については西田（2012）に記されている。1人1日あたりの平均材料費が決まっていること、米・麦の炊き具合や副食の献立、盛り付け、品数、量、季節の食材もたまには出されているかなど、さまざまな観点から確認するために試食が行われる（検食と呼ばれる）ことが書かれている。その理由としては、刑務所での生活は単調で楽しみが少ないので、受刑者の食事への思い入れは深いということである。かつて食事が原因での騒擾事案が発生したことがあり、検食は明治以降ずっと行われていると書かれている（198頁）。また『刑政』において現場の職員の声として連載されているものにも、給食関連のテーマが何度も取り上げられている（工藤ほか、2004；川口ほか、2006；森ほか、2009；三上ほか、2010）。1人1日あたりの平均材料費は決められており、限られた予算の中で献立を苦心して考案することに触れられていることが多い。

運営業務要求水準書（案）（法務省、2005a）に対する質問と回答の一覧表（法務省、2005b、12頁）の中には、「病棟、職業訓練棟又は収容棟内へ適温で配膳する（内部の配膳は、受刑者が実施する。）」とある部分への質問として、受刑者が電子レンジで加熱することにより適温とする方法は可能か、汁物は寸胴で搬入し受刑者自身で取り分けることは可能か、という質問が掲載されている。法務省からの回答は、前者については適温で搬入、後者については受刑者自身が取り分けることは想定していない、というものであった。どうすれば実現できるかを事業者側で考えて欲しいということである。

(3) 計画・入札時には想定していなかった事態の発生

例外的な事態、つまり、計画および入札の時には想定していなかった事態は、事前に詳しい契約書を作成していても起きてしまうものであろう。西田（2009）によれば、このような時には国側と民間事業者との間で、どちらの担当にするのか協議を行うことになる。例えば、官民協働による運営が開始された後で、契約あるいは事前協議で決められていたもの以外の業務（隙間業務）が判明し、これを官と民のどちらの担当とするのかという問題が起きている（18頁）。新たに明らかになった隙間業務については、民間派遣職員と国の職員との業務分担の見直し作業は繰り返し行われている（松永、2011）。

筆者が取材に訪れた島根あさひ社会復帰促進センターの方は、入札前には想定されていなかった業務の例を2つ紹介された。1つは新型インフルエンザ対策の費用である。新型インフルエンザの発生と流行以降、公共的施設においては、消毒用エタノールの配備や使い捨てマスクの使用などの新たな取り組みが普及しているが、同センターにおいても新たな経費が発生することとなった。もう1つは、想定以上の搬送業務の発生である。例えば、収容者の中に病人が発生した際、病院との間の搬送の業務が民間事業者の担当となっている。入札前には病人の発生頻度の参考数値が法務省より示されてお

り、民間事業者はその数値を元に費用を試算して入札金額に組み入れているだろう。ところが発病者の受け入れが近くの病院では難しい場合、遠方にある医療刑務所まで搬送しなければならなくなるといった事態が発生する。往復の燃料費、高速道路料金などの経費が追加的に発生する。

　新たに判明した隙間業務の全てを民間事業者に負担してもらうということはなく、川野（2006）も指摘するように、年度途中で新たな業務が発生した場合、国の職員で分担しなければならないこともある。その分については、国の職員にとっても想定以上の負担増になる。

　業務分担に関する見直し作業あるいは調整には長い時間がかかるようである。太田（2009）によれば官民協働を実現するための仕組みそのものに理由があるようだ。PFI刑務所は官民協働事業であるため、センター長を頂点とする国の指揮命令系統と、総括業務責任者の下に連なる民間の指揮命令系統の2本立てで運営を行っている。国から民間に要請事項がある場合は、センター長から総括業務責任者に伝えられることになる[5]。総括業務責任者の下に連なる民間の指揮命令系統ということになっているが、実際のところ、総括業務責任者には、法律上および契約上の指揮命令権限は与えられていない。資金調達をする上で特定目的会社はリスクを負わなくて済むようにする必要があり、特定目的会社から派遣される総括業務責任者が受託企業に指揮命令する権限を持つことは制度設計上できないからである（権限行使にはリスクが伴うが、特定目的会社はリスク受容能力を持っていない）。総括業務責任者はセンター長から要請を受けた内容を受託企業に伝達し、調整する役割を担う。あるいは複数の受託企業間にまたがる内容についての調整を行う（24～28頁）。加えて、受託企業の多くは大企業であるため、それぞれの企業内での調整にも長い時間を要するであろうことは想像に難くない。

(4)　民間事業者側従業員の熟練形成への支援

　民間の従業員が不慣れな状態から習熟するまでの間は、国の職員による支援が必要となる。西田（2009）は、不慣れから業務処理に時間を費やし、官

側の応援が日常的に必要となる問題を指摘している（18頁）。川野（2006）は民間委託の問題として、委託契約期間が1年間のため、派遣される人材が入札の結果いかんによって毎年入れ替わる可能性があり、この場合、その人材が業務に精通するまで職員が指導しなければならず、また、慣れたころには契約期間が終了してしまうことから、非効率な面があると指摘する。また現場の声として箭原（2011）は「毎年度一般競争入札により契約しているため、業者が毎年変わる可能性がある。新規業者の導入時には、国の職員が新規の委託職員に対して一から業務処理方法を説明しなければならない。入札額の最も安い業者に委託されることから、委託職員の質低下につながる可能性がある。委託した業務が業務マニュアル通りに処理できない（ミスが多くなる）などの結果、国の職員が点検するなどの負担が生ずる可能性がある」と述べる。荘司（2011）も「民間業者が完全に独り立ちするまでには、国の職員が二人三脚で業務をせねばならず、完全に国の職員の負担が緩和されたと実感するまでには、まだ相当の時間を要するものと思われます」と述べる。安心して任せることができるまでには、時間と労力がかかるようである。

6 価値観の共有と人材育成

(1) 価値観の違い

　官民協働の現場では、それぞれが持つ価値観の違いに気づかされることがある[6]。例えば佐々木（2008）は、「施設の管理・運営に関わる保安的な危機意識については、刑務官と民間企業職員の間に多少の温度差があり、民間企業職員が『これは大丈夫だろう』と思っていることでも、刑務官としては大きな事故につながりかねないと感じることがある」（90頁）と指摘し、刑務官と民間警備員との間で価値観の違いが存在していることを示唆している。また西田（2012）にも詳細には触れられていないが、「収容されている受刑者と民間事業者の距離が近くなりすぎて起こったトラブルもありまし

た」(240頁) と記されている。

　民間側のやり方を官側が取り入れた事例もある。その1つがPFI刑務所における受刑者の呼び方の変更である（西田、2012、27～29頁）。一部を除き従来型の刑務所においては、受刑者の名前を呼ぶときには敬称を付けずに呼び捨てするのが普通であったが、民間事業者からの人々は、受刑者を「さん」付けで呼んだ。そのことから法務省側の人々もそれに倣うことにした。その理由として「『教育者として受刑者から敬われる存在であるためには、教育者自身も、個々の受刑者を尊重していることを示さなくてはならない。全人格を持って再犯防止のための様々な教育を施すには、どういう呼称で呼び合うかということが大切だ』ということを、参画された民間企業の方は身をもって示したのです」と西田（2012）は述べる（27～28頁）。

(2) 人材育成

　経営学における組織文化論では、組織の成員同士の間で価値が共有されていれば、皆が同じように考えることができ、同じように行動することができるとされる。また同じように行動すると、目標について合意が成立しやすく、何をどのようにすればよいかの考えも一致しやすくなるとされる（桑田・田尾、2010、189～190頁）。価値観や判断基準の共有が達成されていれば、各人の意思決定や行動がそろうようになるだろう。

　判断基準の共有を図るために、労力や費用を費やして教育を徹底するというのは、京セラのアメーバ経営でも重視されている（三矢、1997、144頁）。例えば三矢（1997）は「アメーバ経営では、このような問題を、トップが時間当たり採算を用いてアメーバの活動をチェックすることと、リーダーがトップと同じ意思決定ができるよう、理念教育を徹底して判断基準の共有を図ることで克服する（144頁）」と指摘する。また日本道路公団による建設コンサルタント等への、施工管理業務の部分委託の例では、詳細な仕様書、明確な役割分担、公団独自の資格制度を受託企業の担当者に適用し能力を評価するといった施策を通じて施工管理業務の委託を実現している（日経コンス

トラクション、1999)。

　給食業務については、運営業務水準書にあるように、熱量、栄養量、季節感などを考慮した献立を作成し、受刑者に満足される食事を提供する、こととなっている。国の刑務所では1人1日あたりの平均材料費が決まっているが、PFI刑務所では指定されていない。

　筆者が取材に訪れた島根あさひ社会復帰促進センターの方によれば、給食業務に関しては、検食を通じたモニタリングと民間事業者側栄養士の研修が行われているということである。検食は国の刑務所でも行われており、受刑者に満足される食事が提供されているかどうかをモニタリングするものである。毎回の検食の際、不十分であると評価される場合には、改善を申し入れるとのことである。民間の栄養士が作る献立に対しては、国の刑務所と比べて食べた感じの量は少なくなっているが、質や見た目は良いと評価されているようである。また、民間事業者側の栄養士を他の刑務所へ派遣して研修させているというお話であった。また民間側の警備員の育成のため、官民の合同訓練や合同研修、採用時研修も合同で行われている。被収容者が警備員を刑務官より下に見ることがあるので、そのようなことをなくすためにも、合同訓練・研修は必要であるとのことであった。

　受刑者に満足される食事、という条件を満たすための要件の全てを挙げるのは簡単ではない。一つだけ想像できることがあるとすれば、満腹感を得られる程度の食事の分量であろう。満腹感は満足感をもたらしやすい。『刑政』に時折掲載される、献立作成の苦労に関するエッセイを見れば、年間を通じて1日3食の食事の全てで質的に満足される食事の献立を作成し続けるというのは、非常に高い目標であると思われる。それに対し、腹一杯の満腹感を感じることができるような分量を確保できるように献立を考えるというのは、簡単ではないにしても、質的目標と比べれば、比較的分かりやすい目標であるといえよう。したがって、給食に関しては量と質の両立が求められているようである。民間事業者側の栄養士を他の刑務所へ派遣しての研修が実施されているということであったが、これは、満足される食事を提供するた

めに積み重ねられてきた経験や実例を学ぶことで、求められる価値観を習得し、より良い献立を作成できるようになって欲しいとの意図があるように解釈できる。つまりこれは、人材に熟練を形成しようとする取り組みが行われているのである。

また刑務官と警備員の合同訓練は、法律・規制に由来する活動範囲の相違こそあれ、同等の能力を有することが望ましいと考えられていることを表している。こちらも人材に熟練を形成しようとする取り組みと理解できる。

7 結び

本章ではデフレーション不況下において拡大した官民協働事業、その中でもPFI刑務所に注目した。経営学における、任せることの難しさに関わる諸研究から分かることは以下の3つである。①業務手順書や規則に全て書ききることはできない（規則集体系の不完全性）。②業務手順書や規則に落とし込めない不確実な事象を取り扱う人々が依拠するのは熟練である。③任された人が上司の意向を探ろうとするヒラメ・パラドクスが存在する。

PFI刑務所に関して公表されている情報や、出版されている書籍・論文等および取材から分かったことは以下の2つである。①数多くの隙間業務の発生あるいは認知と、想定外の業務の発生により、各種仕様書等に書ききれていない業務が多数あることが明らかとなった。②民間事業者側従業員の熟練形成と価値観の共有が求められている。そのため国側の職員による支援活動や研修等、また刑務官と警備員の合同訓練等の取り組みが実施されている。

(謝辞)

2012年12月に島根あさひ社会復帰促進センターを訪問し、お話を伺い、センター内を案内していただきました。関係の皆様方に感謝申し上げます。

本稿の執筆に際しては、高崎経済大学平成24年度研究奨励費の助成を得

た。記して謝したい。

　本稿に存在する全ての誤謬は筆者の責に帰することを改めてここに記すとともに、関係各位への謝意を重ねて申し上げたい。

注
1) 筆者が大学を卒業したのは1992年3月である。このときに卒業する大学生たちが就職活動をしていたのは、主に1991年前半である。この時期の筆者の周囲の大学生たちの就職活動は全般的に絶好調であったということを記憶している。筆者自身の少ない就職活動体験でも、そのような状況は感じられた。これは、いわゆるバブル景気の恩恵を受けたものであることは間違いない。求職側にとっては絶好調の就職活動、求人側にとっては採用予定数を確保するのが大変な採用活動を繰り広げていたことになる。ところが、それこそ後から分かったことではあるが、バブル崩壊は1991年2月に起きたとされている（例えば、岸野、2003、1頁）。当時は、私と同じ学年の大学生たちは、そんなことなぞ知る由もなかったし、採用側の企業の多くも、そのようなことが起きているなどと分かっていた企業はほとんどなかっただろう。また、1992年以降信用乗数は趨勢的に低下しているという指摘（長野、2002、45頁）もある。
2) 民営化や民間活力の導入の是非については本稿の射程を超える。
3) それらの情報を入手するための、本章執筆時点での、入り口としては、例えば法務省（2004a）や法務省（2006a）がある。
4) もちろん、門外漢の筆者にはほとんどの業務についてよく分からないため、給食業務は比較的理解しやすかったということもあるだろう。なお、従来型の刑務所では、給食の調理作業は受刑者自身によって担われているようである。PFI刑務所においては民間事業者に給食の調理が委託されることになったが、日本の刑務所においては伝統的に「自給自足ニ関スル原理」に基づいて運営されてきたということである（西田、2012、44～46頁）。西田（2012）は、同原理へのこだわりは刑務官の情緒的な問題でもあると指摘するが、それとともに受刑者の質的悪化によって包丁を持たせられないようになってきたとも指摘する。

　自給自足ニ関スル原理を字面通りに解釈すれば、刑務所の運営に関わる作業をできるだけ受刑者自身が行うことになる。独立的運営の度合いを高めることになる。それのもたらす利点としては、炊事や洗濯などの作業が受刑者にとっての職業訓練にもなる、「自分にもできる」という感覚を受刑者に持たせることができる、また環境の変化に左右されにくい、といったことが推測される。とはいえ、PFI刑務所に収容されるのは質の良い受刑者のみのはずなので、炊事作業の監督・指導に刑務官を充てないためや、受託する民間事業者が利益を生み出せる部分が必要であるといった配慮があるのだろう。
5) 経営組織論でいうファヨールの架け橋（塩次ほか、2009、69頁）がない状態といえる。
6) 法務省の中でも、法務と矯正では文化が違うということについては、高橋ほか（2009）を参照。

参考文献
（英文文献）
Burns, Tom and G. M. Stalker (1961) *The management of innovation*. Oxford University Press, reprinted version 2001.

Evans, Martin G. (1970) "The effects of supervisory behavior on the path goal relationship," *Organizational Behavior and Human Performance*, 5, pp. 277-298.

House, Robert J. (1971) "A path-goal theory of leader effectiveness," *Administrative Science Quarterly*, 16, pp. 321-338.

Lynch, B. P. (1974) "An empirical assessment of Perrow's technology construct," *Administrative Science Quarterly*, 19, pp. 338-356.

〔和文文献〕

歌代正 (2009a)「国、民間事業者、地域との協創による刑務所の運営(島根あさひ社会復帰促進センターの現状と課題)」(特集「PFI 刑務所」の現状と展望)『月刊法律のひろば』第62巻第7号、40～45頁。

歌代正 (2009b)「異床同夢：同じ夢を追う仲間として：島根あさひ社会復帰促進センターでの官民協働の取組」(特集 刑事施設における官民協働)『刑政』第120巻第11号、46～57頁。

太田幸充 (2006)「美祢社会復帰促進センター(仮称)について」『刑政』第117巻第4号、28～36頁。

太田幸充 (2009)「民間事業者の取組」(特集「PFI 刑務所」の現状と展望：美祢社会復帰促進センターの現状と課題)『月刊法律のひろば』第62巻第7号、24～28頁。

大峯隆義 (2008)「美祢社会復帰促進センターの現状と課題」(特集 PFI 施設の現状と課題)『刑政』第119巻第10号、35～43頁。

加護野忠男 (1980)『経営組織の環境適応』白桃書房。

金井壽宏 (1990)「日本企業に望まれる人材イメージ：社長インタビューの内容分析(日本企業の普遍化：人と労働市場)」『ビジネスレビュー』第37巻第4号、41～63頁。

金井壽宏 (1991)『変革型ミドルの探求：戦略・革新指向の管理者行動』白桃書房。

金井壽宏 (1995)「「任せる」ことの機微：自律的状況における新人の情報アプローチ」『組織科学』第28巻第3号、69～84頁。

金井壽宏 (1999)『経営組織』(日経文庫)日本経済新聞出版社。

金井壽宏、岸良裕司 (2009)『過剰管理の処方箋：自然にみんながやる気！になる』かんき出版。

川口絢子ほか (2006)「炊事・食糧業務」(現場の発言)『刑政』第117巻第10号、130～137頁。

川野道史 (2006)「行刑施設における民間委託の現状と今後の課題」『刑政』第117巻第4号、38～43頁。

ガルブレイス、ジェイ・R. 著、梅津祐良訳 (1973、邦訳1980)『横断組織の設計：マトリックス組織の調整機能と効果的運用』ダイヤモンド社。

岸野文雄 (2003)「長期的デフレ経済下における財政政策の対応(故佐藤真教授追悼号)」『創価経済論集』創価大学経済学会、第32巻第1号、1～16頁。

北川伯生 (2012)「PFI 事業運営の五年間」(特集 官民協働による刑事施設の運営について)『刑政』第123巻第8号、32～40頁。

工藤嘉彦ほか (2004)「炊場からの声」(現場の発言)『刑政』第115巻第5号、124～131頁。

倉科志生 (2011)「連携プレーと民間委託」(現場の発言「民間委託を考える」)『刑政』第122巻第11号、126頁。

桑田耕太郎、田尾雅夫 (2010)『組織論(補訂版)』(有斐閣アルマ)有斐閣。

刑事立法研究会編（2008）『刑務所民営化のゆくえ：日本版 PFI 刑務所をめぐって』現代人文社。
小池和男編著（1986）『現代の人材形成：能力開発をさぐる』ミネルヴァ書房。
小池和男（1997）『日本企業の人材形成：不確実性に対処するためのノウハウ』（中公新書）中央公論社。
小池和男、猪木武徳編（1987）『人材形成の国際比較：東南アジアと日本』東洋経済新報社。
佐々木真弓（2008）「美祢社会復帰促進センターにおけるチーム担当制による女子受刑者処遇」（女性職員の執務環境改善　シリーズ 12）『刑政』第 119 巻第 1 号、88～96 頁。
塩次喜代明、高橋伸夫、小林敏男（2009）『経営管理［新版］』（有斐閣アルマ Specialized）有斐閣。
島根県立大学 PFI 研究会編（2009）『PFI 刑務所の新しい試み：島根あさひ社会復帰促進センターの挑戦と課題』成文堂。
荘司未知子（2011）「民間委託における職業訓練」（現場の発言　「民間委託を考える」）『刑政』第 122 巻第 11 号、128 頁。
宋文洲、工藤龍矢（2006）『人材いらずの営業戦略：儲かる企業は「しくみ」が違う』日本実業出版社。
髙橋勝利ほか（2009）「人事交流」（現場の発言）『刑政』第 120 巻第 7 号、128～135 頁。
手塚文哉（2009a）「島根あさひ社会復帰促進センターの概要及び刑務所 PFI 事業の問題点と対策」島根県立大学 PFI 研究会編（2009）『PFI 刑務所の新しい試み：島根あさひ社会復帰促進センターの挑戦と課題』成文堂、26～41 頁。
手塚文哉（2009b）「官民協働による新たな刑務所の運営（美祢社会復帰促進センターの現状と課題）」（特集「PFI 刑務所」の現状と展望）『月刊法律のひろば』第 62 巻第 7 号、17～23 頁。
手塚文哉（2009c）「PFI 刑務所における民間のノウハウ・アイデア」（特集　刑事施設における官民協働）『刑政』第 120 巻第 11 号、38～45 頁。
長野達也（2002）「デフレ経済下の金融政策の有効性：1990 年代の日本のケース」『研究紀要』高山短期大学、第 25 巻、33～64 頁。
中澤豊（2012）「PFI 刑務所に勤務して」（特集　官民協働による刑事施設の運営について）『刑政』第 123 巻第 8 号、24～31 頁。
西田博（2009）「PFI 刑務所の現状と公共サービス改革法による民間委託」（特集　刑事施設における官民協働）『刑政』第 120 巻第 11 号、14～23 頁。
西田博（2012）『新しい刑務所のかたち：未来を切り拓く PFI 刑務所の挑戦』小学館集英社プロダクション。
日経コンストラクション（1999）「ケース 2　日本道路公団：30 余年の経験から役割を明確化（特集　どこまで任せる？発注者の仕事：施工管理や積算、CM 手助けなしではやっていけない）：（外部組織の活用例）」『日経コンストラクション』日経 BP 社、第 227 号、48～50 頁。
藤本哲也（2008）「諸外国における PFI（民営）刑務所の試み」（特集　PFI 施設の現状と課題）『刑政』第 119 巻第 10 号、16～25 頁。
藤本哲也（2009a）「PFI 刑務所の意義と展望」（特集「PFI 刑務所」の現状と展望）『月刊法律のひろば』第 62 巻第 7 号、4～10 頁。
藤本哲也（2009b）「民間のノウハウ活用の新しい刑務所の挑戦」島根県立大学 PFI 研究会編

(2009)『PFI 刑務所の新しい試み：島根あさひ社会復帰促進センターの挑戦と課題』成文堂、(第1部　地域と共生する PFI 刑務所)、11〜25頁。
法務省（2004a）「美祢社会復帰促進支援センター整備・運営事業」法務省ウェブサイト、http://www.moj.go.jp/kyousei1/kyousei_pfi_mine.html。
法務省（2004b）「美祢社会復帰促進センター整備・運営事業　施設整備・維持管理業務要求水準書」法務省ウェブサイト、http://www.moj.go.jp/content/000002461.pdf。
法務省（2004c）「美祢社会復帰促進センター整備・運営事業　運営業務要求水準書」法務省ウェブサイト、http://www.moj.go.jp/content/000002462.pdf。
法務省（2005a）「島根あさひ社会復帰促進センター整備・運営事業　運営業務要求水準書（案）」法務省ウェブサイト、http://www.moj.go.jp/content/000002530.pdf。
法務省（2005b）「島根あさひ社会復帰促進センター実施方針等に関する質問回答」法務省ウェブサイト、http://www.moj.go.jp/content/000002492.pdf。
法務省（2006a）「島根あさひ社会復帰促進センター整備・運営事業」法務省ウェブサイト、http://www.moj.go.jp/kyousei1/kyousei_pfi_asahi.html。
法務省（2006b）「島根あさひ社会復帰促進センター整備・運営事業　施設整備・維持管理業務要求水準書」法務省ウェブサイト、http://www.moj.go.jp/content/000002503.pdf。
法務省（2006c）「島根あさひ社会復帰促進センター整備・運営事業　運営業務要求水準書」法務省ウェブサイト、http://www.moj.go.jp/content/000002507.pdf。
法務省（2006d）「島根あさひ社会復帰促進センター（仮称）の運営開始に必要な備品等」法務省ウェブサイト、http://www.moj.go.jp/content/000002508.pdf。
細川隆夫（2007）「刑務所 PFI 事業について」『刑政』第118巻第4号、24〜35頁。
本庄武（2009）「第二幕を迎えた刑事施設における民間委託：その意義と今後の展望」(特集　刑事施設における官民協働)『刑政』第120巻第11号、24〜37頁。
松永智井（2011）「国の職員として」（現場の発言　「民間委託を考える」）『刑政』第122巻第11号、131頁。
三上操ほか（2010）「施設のレシピ」(現場の発言)『刑政』第121巻、10号第116〜123頁。
三井圭介（2010）「被収容者の給食について」(実務講座)『刑政』第121巻第9号、110〜116頁。
三矢裕（1997）「任せる経営のためのマネジメント・コントロール：京セラ・アメーバ経営」『學習院大學經濟論集』学習院大学経済学会、第34巻第3号、135〜148頁。
室井誠一（2008）「喜連川社会復帰促進センターの現状と課題」(特集　PFI 施設の現状と課題)『刑政』第119巻第10号、44〜54頁。
森信二ほか（2009）「献立」(現場の発言)『刑政』第120巻第2号、124〜127頁。
森田裕一郎（2009）「PFI 刑務所の概要と成果」(特集「PFI 刑務所」の現状と展望)『月刊法律のひろば』第62巻第7号、11〜16頁。
森田裕一郎（2012）「官民協働刑務所の課題と今後の展望」(特集　官民協働による刑事施設の運営について)『刑政』第123巻第8号、14〜23頁。
箭原佑樹（2011）「民間委託を生かすには」（現場の発言「民間委託を考える」）『刑政』第122巻11号、124頁。
箭原佑樹ほか（2011）「民間委託を考える」(現場の発言)『刑政』第122巻第11号、124〜131頁。

山本貴祐（2010）「盲導犬パピー育成プログラムについて（島根あさひ社会復帰促進センター）」（実践レポート）『刑政』第121巻第4号、100〜107頁。
吉野智（2002）「英国における刑務所PFI事業について（前）」『刑政』第113巻第7号、62〜70頁。
吉野智（2005）「PFI手法による刑務所の整備・運営事業」『刑政』第116巻第8号、95〜113頁。
吉野智（2009）「公共サービス改革法の活用と今後の展望」（特集「PFI刑務所」の現状と展望）『月刊法律のひろば』第62巻第7号、51〜55頁。

第8章

デフレとエネルギー問題

山本　芳弘

1　はじめに

　デフレーション（以下、デフレと表記）は、経済にさまざまな影響を及ぼす。岩田（2011）によれば、デフレは、企業利益の減少、雇用状況の悪化、設備投資の抑制などをもたらすとともに、外国為替相場を円高・ドル安方向へと向かわせる。このことは、日本のエネルギー問題にも影響を及ぼす。生産・流通・消費などの経済活動の低迷により、エネルギー需要も弱まる。また、円高・ドル安により、エネルギー資源の円建て輸入価格は安くなる。このような事情で、原子力発電が運転停止されても、エネルギー問題をこれまでなんとか切り抜けることができているのかもしれない。

　しかし、デフレから徐々に脱却してきた場合、はたして日本のエネルギー需給は大丈夫なのであろうか。問題が生じないようにするためには、どのような手段を講じる必要があるのだろうか。従来型の対応では解決できないことは、容易に想像できる。なぜならば、地球温暖化問題に加えて、原子力発電の問題が顕在化したからである。

　本章では、まず、これらの問題点を明確にし、次いで、対策の可能性を探る。そこでは、再生可能エネルギーの利用及び石油危機以来の省エネルギーについて議論する。

　以下の節は、次のように構成されている。第2節では、デフレによる経済活動の低迷や円高・ドル安が、日本のエネルギー需給にどのような影響を及

ぼしたかをみる。このことを通じて、デフレからの脱却によりエネルギー需給がどのようになるかを予想することができる。今後のエネルギー需給対策を考えるにあたって考慮しておくべき点はいくつかあるが、より重要な問題である原子力発電問題と地球温暖化問題を第3節でとりあげる。そして、第4節では、可能性のある対策として、再生可能エネルギーの利用とエネルギー使用の効率化の2点を述べる。第5節では再生可能エネルギー利用に関する施策と現状について、第6節ではエネルギー使用の効率化に関する施策について、それぞれ述べる。最後に、第7節で全体をまとめる。

次の第2節に入る前に、本章を通じて、デフレの期間をどのようにとらえるかについて述べておく。

日本は、長らくデフレ状態にあるということは共通の認識である。しかし、その始まり時期については、いくつかの見方がある。例えば、岩田(2011) は、「1998年半ば以降、一時期を除いて消費者物価指数で見てマイナスのインフレ率になっている、すなわちデフレが続いている」としている。図8-1に、消費者物価指数伸び率及び国内企業物価指数伸び率を示す。

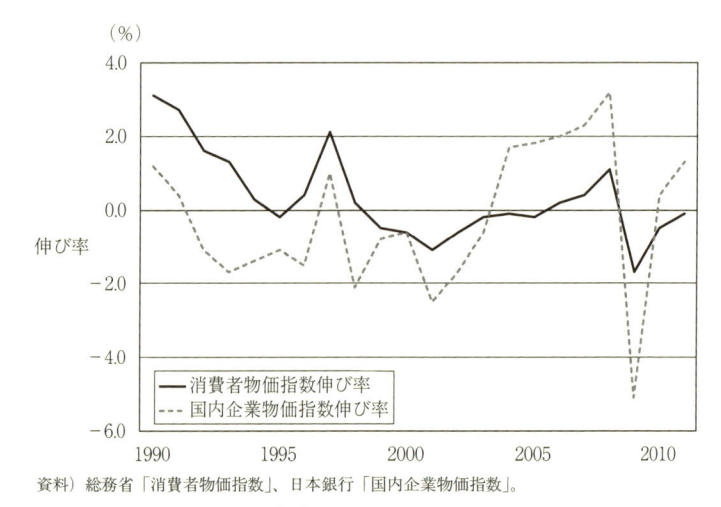

資料）総務省「消費者物価指数」、日本銀行「国内企業物価指数」。

図8-1　消費者物価指数伸び率と国内企業物価指数伸び率

2005年=100

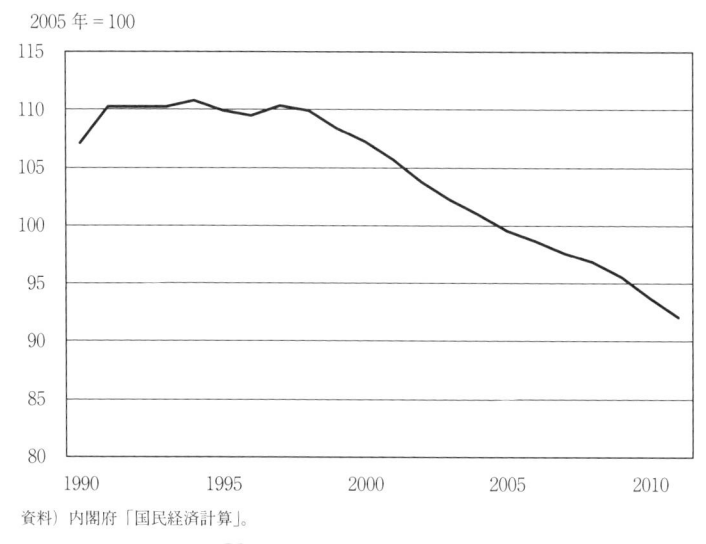

資料）内閣府「国民経済計算」。
図 8-2　GDP デフレーター

　確かに、消費者物価指数は、1998 年度以降、マイナスの伸び率となっている。一方、吉川（2013）は、消費者物価指数が一貫して下落するようになったのは 1999 年からであるとしながらも、「それに先立って企業物価の下落、さらにそれを反映し GDP デフレーターが下落し始めた。その結果として、名目 GDP の成長率が実質成長率よりも低い『名実逆転』が始まったのは 1994 年である」として、デフレの開始時期をバブル崩壊直後の 1993 年として議論している。図 8-1 から、確かに、国内企業物価指数は消費者物価指数が低下し始める前の 1990 年代初頭から低下（伸び率がマイナス）し始めていることがわかる。図 8-2 には、GDP デフレーターを示す。図 8-2 からは、GDP デフレーターが 1990 年代初頭から横ばいになり、1990 年代後半には低下し始めたことがわかる。

　以上のように、デフレの始まり時期について、1990 年代の前半と後半の少なくとも 2 つの見方がある。本章では、デフレがいつ始まったかを明示的に示すことはせず、1990 年代以降の諸状況について述べていくことにする。

2　エネルギー需給への影響

まず、デフレによる経済活動の低迷と円高・ドル安が、エネルギーの消費量や価格に対して、どのような影響を及ぼしたかをみる。

(1)　エネルギー消費への影響

一般に、経済活動が活発になるにつれ、エネルギー消費も増加する。図8-3に、実質GDPと一次エネルギー国内供給の関係を示す。ここで、一次エネルギー国内供給とは、エネルギーの国内生産に、輸入を加え輸出を引き、在庫変動を加味した値である。一次エネルギー国内供給は、国内における実質的なエネルギー消費量を表しているととらえられるから、単にエネルギー消費と呼ばれることもある。図8-3から、1979年の第二次石油危機以降も、ほとんどの時期において、GDPの増加とともにエネルギー消費も増加してきたことをみることができる。

したがって、デフレによって経済活動が低調であれば、エネルギー消費の伸びも抑えられると考えられる。実際、図8-3をみると、1990年代以降のエネルギー消費は、実質GDPに沿う形で、それ以前に比べると伸びが鈍化していることがわかる。ただし、2002年度から2007年度にかけては、実質GDPは増加しているにもかかわらず、エネルギー消費はほぼ横ばいである点は、注意しなければならない。これは、日本エネルギー経済研究所計量分析ユニット（2011）によると、省エネルギー技術の普及等が影響しているようである。図8-4には、1980年以降の部門別最終エネルギー消費を示す。産業部門は農林業・水産業・建設業・鉱業・製造業、民生部門は家庭・業務、運輸部門は旅客・貨物からそれぞれ構成される。図8-4から、1990年以降、民生部門と運輸部門では増加傾向にある。ただし、産業部門はほぼ横ばいであり、2000年代後半は、3部門とも減少傾向にある。

このように、デフレにより経済活動が低迷すると、エネルギー消費の伸び

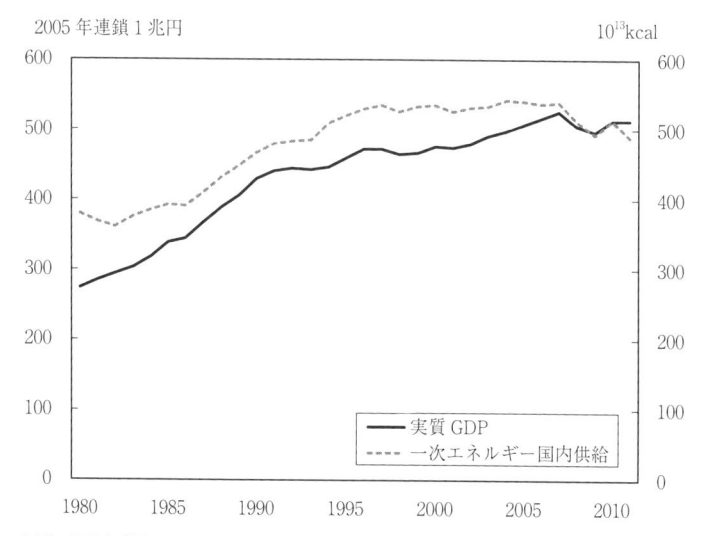

2005年連鎖1兆円　　　　　　　　　　　　　　　10^{13}kcal

―― 実質GDP
---- 一次エネルギー国内供給

資料）内閣府「国民経済計算」、日本エネルギー経済研究所計量分析ユニット編（2013）
『エネルギー・経済統計要覧2013』省エネルギーセンター。

図8-3　実質GDPと一次エネルギー国内供給

も抑えられてきたことがわかる。このことを逆にみると、デフレから脱却し経済活動が活発になると、エネルギー需要はそれまでよりも増加することが予想される。

（2）エネルギー価格への影響

　日本の一次エネルギー国内供給をエネルギー源別でみたとき、その大半を輸入に依存している。図8-5に、2011年度の日本の一次エネルギー国内供給の内訳を示す。石油、石炭、ガスが全体の90パーセントを占めている。そして、これらのほとんどすべてを輸入に依存している。

　したがって、日本のエネルギー価格は、外国為替相場の影響を強く受けることになる。図8-6に、通関レートの推移を示す。短期的な変動があるものの、1990年代以降は、趨勢として円高・ドル安であるとみることができる。その結果、円建てのエネルギー資源価格は恩恵を受けることができた。図8

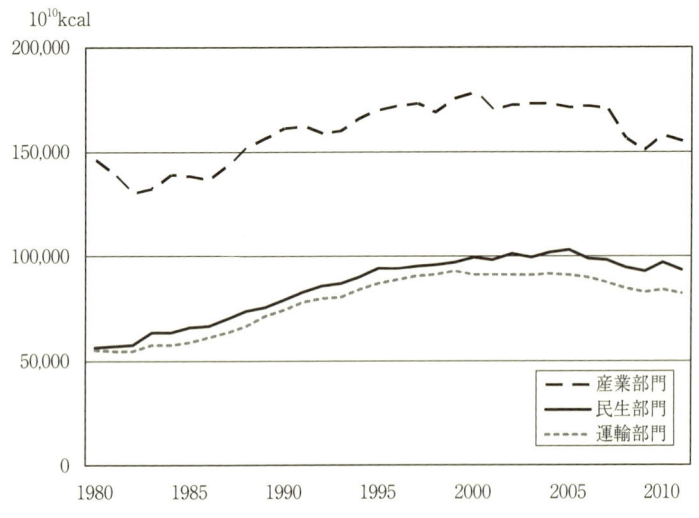

資料）前掲『エネルギー・経済統計要覧 2013』。

図 8-4　部門別最終エネルギー消費

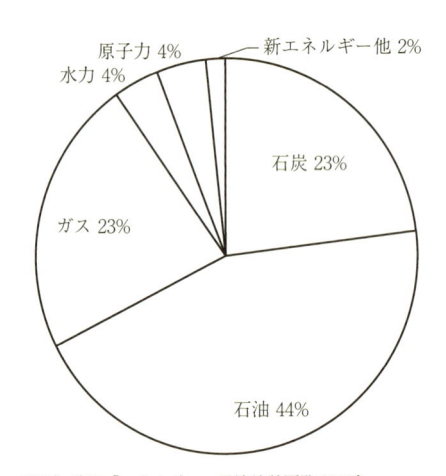

資料）前掲『エネルギー・経済統計要覧 2013』。

図 8-5　2011年度エネルギー源別一次エネルギー国内供給

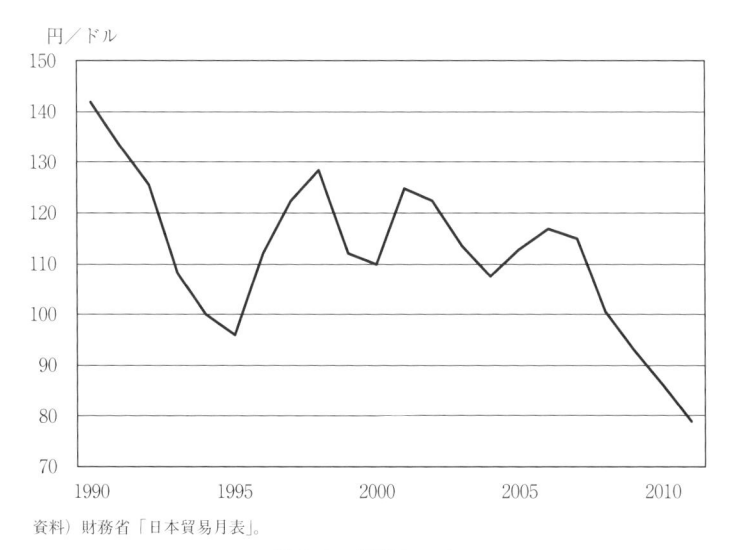

第 8 章　デフレとエネルギー問題　169

資料）財務省「日本貿易月表」。

図 8-6　通関レート

資料）前掲『エネルギー・経済統計要覧 2013』。

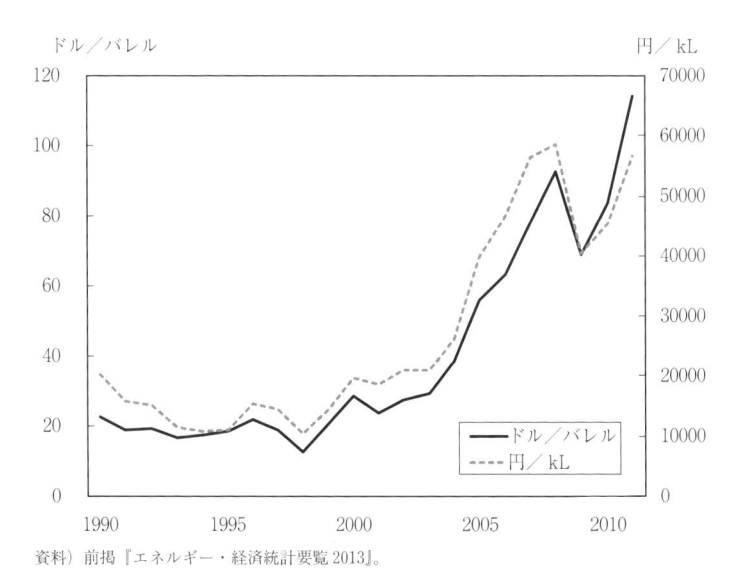

図 8-7　名目原油輸入 CIF 価格

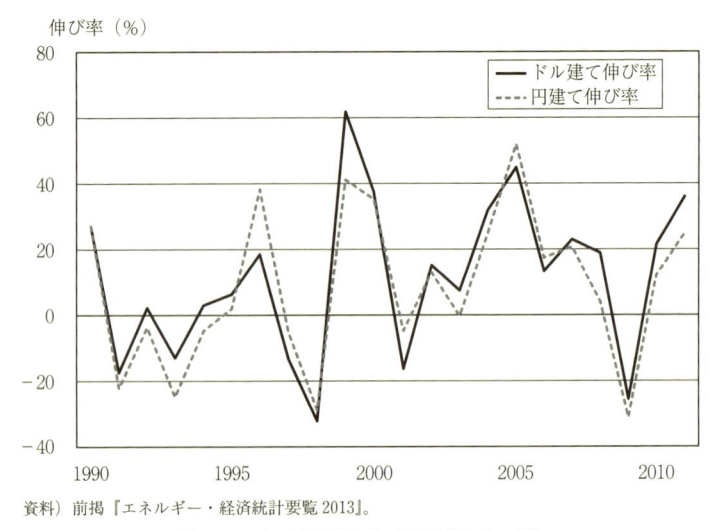

図 8-8　名目原油輸入 CIF 価格伸び率

資料）前掲『エネルギー・経済統計要覧 2013』。

-7 にドル建て及び円建ての名目原油輸入 CIF 価格を、図 8-8 にはそれぞれの伸び率を示す。ここで、原油 CIF 価格とは、輸入原油の日本への到着ベースの平均価格である。1990 年代以降、円高・ドル安により、円建ての伸び率がドル建ての伸び率を下回っていることが多い。したがって、ドル建て価格が上昇した場合には円建てではその上昇が緩和される一方、ドル建て価格が下落した場合には円建てではその下落が増幅される。石炭やガスについても、同様のことがあてはまる。

参考までに、図 8-9 に、世界の国際原油市場における価格形成メカニズムの中心的な機能と役割を担っているとされる WTI（West Texas Intermediate）原油の価格推移を示す。このように、原油価格は、歴史的にみても、近年、高い水準になってきている。したがって、デフレから脱却しデフレに起因する円高・ドル安基調が解消に向かうと、円建てでのエネルギー資源価格はドル建て以上に高くなり、負担が一層大きくなると予想される。

ドル／バレル

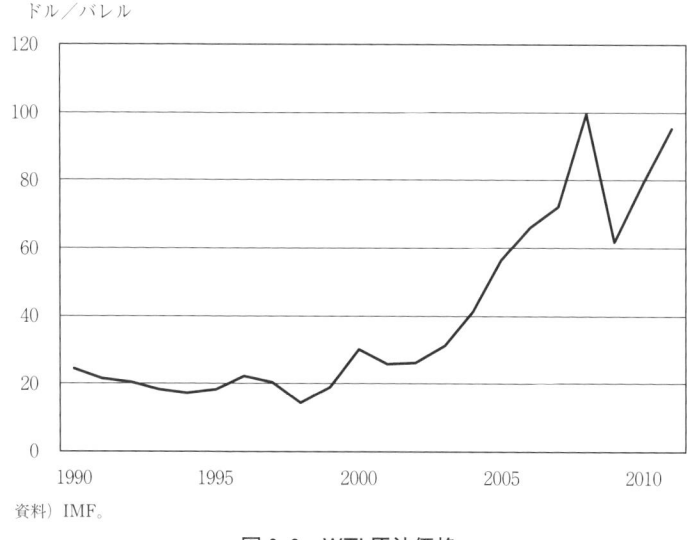

資料）IMF。

図 8-9　WTI 原油価格

3　原子力発電と地球温暖化

　第2節で述べたように、デフレからの脱却にともない、エネルギー需要の増加とエネルギー資源の円建て価格の上昇が予想される。そこで、何らかの対応策をとる必要がある。しかし、以下に述べる原子力発電問題と地球温暖化問題が、従来型の対応を難しくしている。

(1)　原子力発電問題

　日本はこれまでもエネルギー需要増加に対応してきたが、今回は、状況が根本的に異なる。なぜならば、現状では、原子力発電に頼ることが極めて困難だからである。2011年3月11日の東日本大震災をきっかけに発生した東京電力福島第一原子力発電所の事故により、原子力発電に対して人々が抱いていた安全・安心が揺らいだ。その結果として、2013年10月現在、50基

（出力合計約46百万kW）の原子力発電所すべてが、定期点検を含めて運転を停止している（福島第一原子力発電所1、2、3、4号機は、2012年4月に廃止されている）。

日本のエネルギー政策の基本方針や方向性を示すエネルギー基本計画では、これまで原子力発電を基幹電源と位置づけていた。震災前の2010年6月に改定されたエネルギー基本計画では、「2020年までに、9基の原子力発電所の新増設を行うとともに、設備利用率約85パーセントを目指す（現状：54基稼動、設備利用率：[2008年度] 約60パーセント、[1998年度] 約84パーセント）。さらに、2030年までに、少なくとも14基以上の原子力発電所の新増設を行うとともに、設備利用率約90パーセントを目指していく」とある。

現在、新たなエネルギー基本計画の策定がなされているが、原子力発電をどのように位置づけるかが大きなポイントになっている。いずれにしても、日本の原子力発電は、未だ今後の具体的計画が定かではない状況にある。

(2) 地球温暖化問題

日本においては、福島第一原子力発電所事故以降、原子力発電問題が注目を集めるようになったが、それまでエネルギーに関する議論の中心のひとつであった地球温暖化問題が解決されたわけではない。2013年9月に承認された気候変動に関する政府間パネル（Intergovernmental Panel on Climate Change：IPCC）の第5次評価報告書第1作業部会報告書には、「気候システムの温暖化は明白で、1950年代以降の観測された変化の多くは、数十年から数千年で先例のないものである。大気と海洋は温暖化し、雪氷の量は減少し、海面は上昇し、温室効果ガスの濃度は増加してきた」、「温室効果ガスの継続的な排出は、気候システムのすべての要素においてさらなる温暖化と変化をもたらすであろう。気候変動を制限するためには、温室効果ガス排出の大幅かつ持続的な削減が要求されるであろう」（IPCC Working Group 1、2013、筆者和訳）と述べられている。

福島第一原子力発電所の事故以前は、原子力発電の積極的活用が地球温暖化対策の主要施策のひとつであった。前述の2010年のエネルギー基本計画では、原子力発電所の新増設と設備利用率増加により「水力等に加え、原子力を含むゼロ・エミッション電源比率を、2020年までに50パーセント以上、2030年までに約70パーセントとすることを目指す」としていた。

　原子力発電以外で大量のエネルギー需要に対応するためには、現状では、温室効果ガスである二酸化炭素を排出する化石燃料に依存せざるを得ない。しかし、輸入する以上、外国為替相場の影響は避けられない。円安・ドル高傾向になれば、円建て輸入価格は上昇することになる。

4　デフレ脱却後のエネルギー需給対策

　第3節で述べた原子力発電問題や地球温暖化問題という制約条件のもとで、今後予想されるエネルギー需要の増加やエネルギー資源の円建て輸入価格の上昇にどのように対処すればよいのであろうか。ここでは、エネルギー政策の方向性についての日本政府の考え方に言及した後、可能性のある対応策として、再生可能エネルギー利用とエネルギー使用の効率化について述べる。

(1)　エネルギー政策の方向性

　地球温暖化問題への対策は、二酸化炭素排出をその要因に分解して考えることができる。二酸化炭素排出量は、「エネルギー消費量1単位あたりの二酸化炭素排出量」、「国内総生産1単位あたりのエネルギー消費量」、及び「国内総生産」の3項目の積として、恒等的に表すことができる（日本エネルギー経済研究所計量分析ユニット、2011）。この両辺の変化率を計算することで、二酸化炭素排出量の変化率は、「エネルギー消費量1単位あたりの二酸化炭素排出量」変化率、「国内総生産1単位あたりのエネルギー消費量」変化率、及び「国内総生産」変化率の3項目の和として表すことができる。

したがって、二酸化炭素排出量を減少させるには、これらの和を小さくすればよいということになる。

「エネルギー消費量1単位あたりの二酸化炭素排出量」変化率を減少させるには、二酸化炭素排出量が少ないエネルギー源を選択すればよい。これには、例えば、後述する再生可能エネルギーの利用が該当する。原子力発電も、原子力発電問題を別にすれば、発電時の二酸化炭素排出量が少ないという点では該当する。言い換えると、これらの方策は、エネルギー供給面からの対策であるということができる。一方、「国内総生産1単位あたりのエネルギー消費量」変化率を減少させるには、エネルギーを効率的に使用することが該当する。エネルギー使用の効率化は、エネルギー需要面からの地球温暖化対策ということができる。なお、3つ目の「国内総生産」変化率は、デフレから脱却し経済活動が活発になると増加することになる。

2011年12月に公表された総合資源エネルギー調査会基本問題委員会の「新しい『エネルギー基本計画』策定に向けた論点整理」においても、基本的方向性の中に上記2点、再生可能エネルギー利用とエネルギー使用の効率化、が含まれている。同レポート（総合資源エネルギー調査会基本問題委員会、2011）では、基本的方向として、以下の4点を挙げている。①需要家の行動様式や社会インフラの変革をも視野に入れ、省エネルギー・節電対策を抜本的に強化すること、②再生可能エネルギーの開発・利用を最大限加速化させること、③天然ガスシフトを始め、環境負荷に最大限配慮しながら、化石燃料を有効活用すること（化石燃料のクリーン利用）、④原子力発電への依存度をできる限り低減させること、の4点である。そして、エネルギー政策の改革の方向性として、最先端の省エネルギー社会の実現（需要構造の改革）と分散型の次世代エネルギーシステムの実現（供給構造の改革）を挙げている。

再生可能エネルギー利用とエネルギー使用の効率化により、もうひとつの問題である原子力発電問題も回避することができる。したがって、この2つが、対応策の有力な候補になると考えられる。

（2）再生可能エネルギー利用とエネルギー使用の効率化

ここでは、「エネルギー消費量1単位あたりの二酸化炭素排出量」変化率の低減策としての再生可能エネルギーの利用と、「国内総生産1単位あたりのエネルギー消費量」変化率の低減策としてのエネルギー使用の効率化について述べる。

再生可能エネルギーの利用とは、太陽光、風力、バイオマス、地熱、水力などをエネルギー源として、電力や熱を生産することをさす。具体的には、太陽光発電、太陽熱利用、風力発電、バイオマス発電、中小水力発電、地熱発電などが該当する。このうちバイオマス発電では、食品廃棄物、農産廃棄物、畜産廃棄物などからメタン発酵や処理廃熱の利用により発電を行う。これら再生可能エネルギーの重要な特徴は、発電時に二酸化炭素を排出しない、もしくは純増させない（「カーボンニュートラル」と呼ばれる）点、輸入に頼らない点、そして、エネルギー源が枯渇しない点などである。

ただし、再生可能エネルギーの利用によって、エネルギー供給面のすべてが解決するわけではない点には、注意しなければならない。エネルギー経済研究所計量分析ユニット（2011）によれば、2008年の再生可能エネルギー（水力発電を除く）導入量は、一次エネルギー国内供給の2パーセント強でしかない。今後、政策による後押しなどを通じて積極的に導入したとしても、再生可能エネルギー単独で全エネルギー需要をカバーすることは容易ではない。

とはいえ、エネルギーミックスにおける再生可能エネルギーの重要性には留意しておく必要がある。エネルギー源の選択においては、低価格で安定的に供給することが可能で、温室効果ガスの排出量が少ないなど環境面でも優れたエネルギー源を利用することが最も望ましい。しかし、現実には、これらすべてを同時に満たすエネルギー源は存在しない。そこで、日本では、多様なエネルギー源をうまく組み合わせること（これを「エネルギーミックス」と呼ぶ）で理想的な状態に近づけることをエネルギー政策の基本にして

いる。したがって、再生可能エネルギーを利用するということは、エネルギーミックスにおいて再生可能エネルギーが果たす役割をより重視することを意味している。

　一方のエネルギー使用の効率化とは、経済主体のさまざまな活動（例えば、生産、移動、冷暖房、照明）の量1単位あたりのエネルギーの消費量を引き下げることである（日本エネルギー経済研究所計量分析ユニット、2011）。これは、省エネルギーということもできる。電力消費においては、エネルギー使用が効率化されれば、総消費電力量を削減することができるのはもちろんであるが、ピーク時の電力消費を抑制すること（ピークカット）も可能になる。

　エネルギー使用の効率化のためには、技術的なエネルギー消費効率の向上、エネルギー消費行動の改善、並びに産業構造やライフスタイルの変革を挙げることができる（日本経済研究所計量分析ユニット、2011）。特に、技術的なエネルギー消費効率を向上させることとして、例えば、旧型の機器をより燃費のよい新型の機器に置き換えることや、住宅など建築物の断熱性能を向上させることなどが挙げられる。また、エネルギー消費行動の改善では、消費者に対してより意識してエネルギー消費を行わせることで無駄なエネルギーの使用を減らすようにすることなどを挙げることができる。

　しかし、再生可能エネルギーの利用やエネルギー使用の効率化を推し進めるには、何らかの政策的措置が必要である。再生可能エネルギーの利用は、一般的に、在来型の石炭、石油、天然ガス、原子力等の利用に比べて、市場価格が高いからである。また、エネルギー使用の効率化を行うには、機器の更新や建物の改築などの費用が必要になるからである。さらに、消費者のエネルギー消費に対する意識を変えるためには、何らかのサポートが必要だと考えられるからである。

5 再生可能エネルギーの利用

それでは、具体的にどのような政策的措置が考えられるだろうか。この節では、再生可能エネルギー利用のための施策と現状について、再生可能エネルギーによる発電、特に太陽光発電を中心に述べる。

(1) 再生可能エネルギー利用のための施策

再生可能エネルギーの利用を促進するための施策として、2012年7月から「電気事業者による再生可能エネルギー電気の調達に関する特別措置法」が実施されている。これは、しばしば固定価格買い取り制度とも呼ばれている。太陽光（住宅、及びメガソーラーと呼ばれる大規模なもの）、風力、中小水力（3万kW未満）、地熱、バイオマスを利用して発電された電力を、電力会社は、発電種類や規模ごとに定められた価格で、定められた期間にわたって買い取らなければならないという制度である。電力会社は、買い取り費用を「再エネ発電賦課金等」として全需要家の電気料金に上乗せすることができる。

例えば、2013年度に設置した場合の買い取り価格は、太陽光発電の場合、10kW未満で1kWhあたり38.00円（10年間）、10kW以上で37.80円（20年間）である。風力発電の場合は、20kW未満で1kWhあたり57.75円（10年間）、20kW以上で23.10円（20年間）である。中小水力、地熱、バイオマスに関しても、それぞれ同様に定められている。これらの価格は、発電システムの費用等を反映して毎年度改訂される。参考までに、電力会社から通常購入する電気の価格は、120kWh以下で1kWhあたり18.89円、120kWh超300kWh以下で25.19円、300kWh超で29.10円である（2013年10月現在の東京電力従量電灯Bにおける電力量料金）。

この制度のもとでは、発電した電力を事前に定められた価格で10年、15年もしくは20年間にわたって必ず買い取ってもらえる。したがって、再生

可能エネルギー発電を計画中の事業者にとっては、事業のリスクが比較的小さく、投資しやすくなると考えられる。その結果、後述するように、制度発足後、多くの事業が展開されつつある。一般家庭での太陽光発電システム設置においても、購入電力の削減や余剰太陽光発電の売電により設置費用をおよそ何年で回収することができるのか目安をたてることができ、設置を後押ししている。

　この固定価格買い取り制度以前にも、再生可能エネルギーの利用を促進させる制度は存在していた。2003年4月から2012年6月までは「電気事業者による新エネルギー等の利用に関する特別措置法」という法律のもと、電力会社をはじめとする電気事業者に、再生可能エネルギーから発電された電力を、ある定められた割合以上販売することが義務付けられていた。義務量が与えられた電気事業者は、自ら再生可能エネルギーを用いて発電するか他社から調達するかの方法で、目標を達成しなければならない。このような施策は、リニューアブルズ・ポートフォリオ・スタンダード（Renewables Portfolio Standard）と呼ばれることが多く、上記法律は頭文字をとってRPS法と呼ばれている。固定価格買い取り制度が価格設定を通じた施策であるのに対して、RPS法は数量目標を設定する施策であるということができる。

　太陽光発電された電力の買い取りは、固定価格買い取り制度の施行以前からも行われていた。電力会社は、自主的取り組みとして、1992年から太陽光発電の余剰電力（発電したが自家消費しなかった電力）を電気料金とほぼ同じ価格で買い取るということをしていた。その後、2009年11月からは「エネルギー供給事業者による非化石エネルギー源の利用及び化石エネルギー原料の有効な利用の促進に関する法律」により、太陽光発電の余剰電力を、事前に定められた価格で10年間買い取ることを電力会社に義務付ける制度になった。この制度は、余剰電力買い取り制度とも呼ばれる。

　以上述べた制度のほかにも、再生可能エネルギー利用設備の導入に対しては、国等の補助金制度がある。例えば、住宅用太陽光発電に対する国の補助

金制度は、1994年度から2005年度までと、2009年度から現在まで続いている。また、県や市町村で独自に補助金制度を設けているところもある。補助金を受けるための条件は実施主体によって異なるが、居住する市町村と都道府県それぞれに補助金制度があれば、国、都道府県、市町村の3者から同時に補助金を受けることも可能である。

(2) 再生可能エネルギー利用の現状

上述のような支援策を背景に、デフレ下で民間企業設備投資や民間住宅投資が低調な中でも、再生可能エネルギー、特に太陽光発電の導入は堅調に推移してきている。図8-10及び図8-11に、日本における太陽光発電の導入容量及び住宅用太陽光発電システムの導入件数をそれぞれ示す。2006年度から2008年度にかけてはやや低調であったが、その期間を除くと堅調に増加してきたことがわかる。この低調であった期間は、国の補助金が打ち切られていた時期とほぼ一致している。

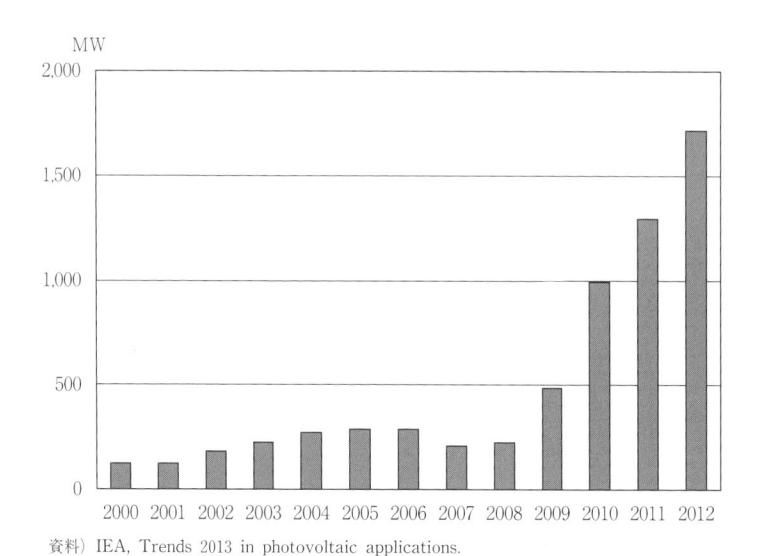

資料）IEA, Trends 2013 in photovoltaic applications.

図8-10　太陽光発電導入容量

資料) 太陽光発電協会。

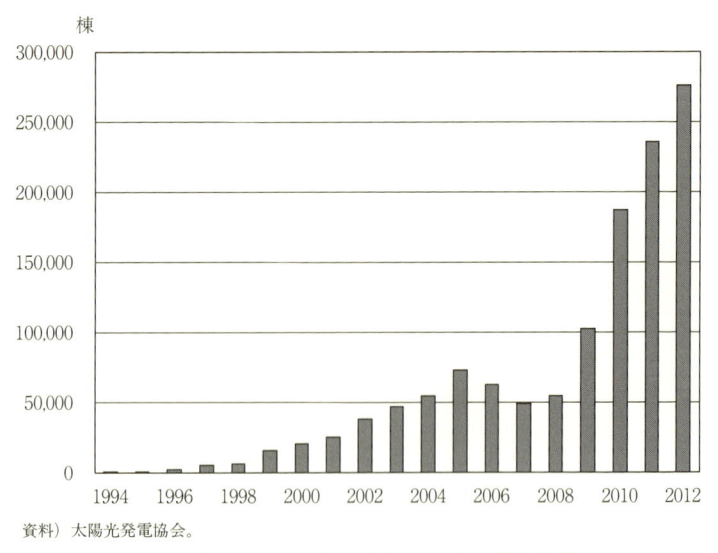

図 8-11　住宅用太陽光発電システム導入件数

　低炭素社会戦略センター (2012) 及び資源エネルギー庁新エネルギー対策課 (2013) によると、これまで太陽光発電は住宅用が中心であったが、今後は、概ね 1MW を超えるメガソーラー発電が民間企業や自治体で積極的に導入される見込みである。最近では、自治体が、所有する遊休地をメガソーラー発電用地として民間企業に貸し出す事例が増えつつある (資源エネルギー庁新エネルギー対策課、2013)。例えば、ソフトバンク株式会社のグループ企業である SB エナジー株式会社は、固定価格買い取り制度が始まった 2012 年 7 月 1 日に、群馬県榛東村の同村所有地での約 2.4MW と京都市伏見区の同市所有地での約 2.1MW のメガソーラー発電を開始している。
　図 8-12 は、風力発電の導入容量及び導入件数を示している。風力発電も、2000 年代になって以降、導入量が増加していることがわかる。

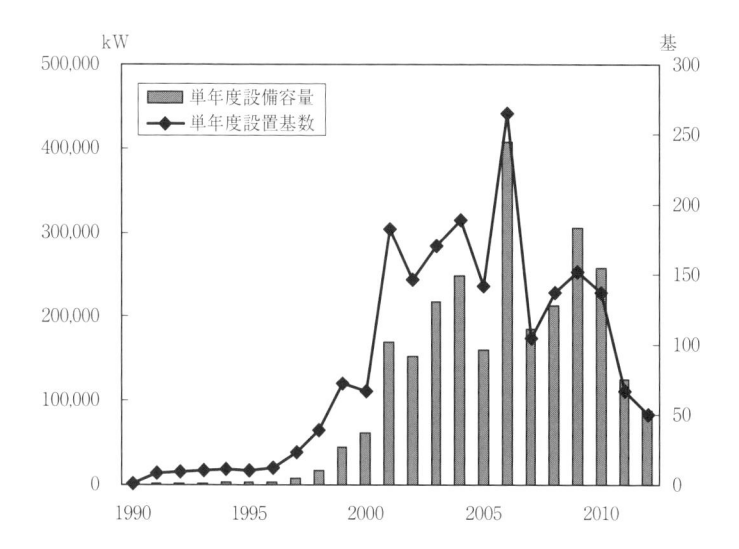

資料）新エネルギー・産業技術総合開発機構。
図 8-12　風力発電導入量

6　エネルギー使用の効率化

　ここでは、エネルギー使用の効率化のための施策として、日本の省エネルギー政策について概観し、次いで、需要側のエネルギー使用最適化を目指す技術として、最近、注目を集めているスマートグリッドについて述べる。

(1)　省エネルギー政策

　日本の省エネルギー政策は、1973年と1979年の2度にわたる石油危機をきっかけに始まった。まず、1979年に、「エネルギーの使用の合理化に関する法律」が施行された。これは、省エネルギー法とも呼ばれている。この法律の目的は、「内外におけるエネルギーをめぐる経済的社会的環境に応じた

燃料資源の有効な利用の確保に資するため、工場等、輸送、建築物及び機械器具についてのエネルギーの使用の合理化に関する所要の措置その他エネルギーの使用の合理化を総合的に進めるために必要な措置等を講ずることとし、もって国民経済の健全な発展に寄与すること」(同法第1条) である。そして、エネルギーを使用する者は、「基本方針の定めるところに留意して、エネルギーの使用の合理化に努めなければならない」(同法第4条)。具体的には、一定量以上のエネルギーを使用する事業者には、エネルギー使用の合理化に努める義務が規定され、エネルギー管理者の選任、省エネルギー計画や定期報告書の提出、省エネルギーへの取り組みの届け出、品質・性能の向上及び表示などが求められる。

省エネルギー法では、1998年6月の改正において、トップランナー方式が導入された (同法78条)。トップランナー方式とは、あらかじめ定められた自動車や電気製品等の特定機器 (2013年10月現在、乗用自動車、電子レンジ、プリンターなど26品目) に対して、その燃費基準やエネルギー効率基準の性能を、最も優れている性能、技術開発の将来見通し、及びその他事情を勘案して設け、3〜10年程度先に設定される目標年度において製造事業者や輸入業者にその達成を求める制度である。基準に達していない製造事業者等は、主務大臣の勧告を受け、それに従わなかったときはその旨の公表や罰金などの措置がとられる。

このほかにも、省エネルギー機器の普及促進を目的に、消費者への情報提供施策として、省エネルギーラベリング制度などもある。また、1978年の省エネルギー技術開発計画 (ムーンライト計画)、1993年のニューサンシャイン計画、2001年の技術開発プログラム、2006年の新・国家エネルギー戦略、2007年の省エネルギー技術戦略など、そのときの状況に応じて、種々の省エネルギー技術開発計画や戦略が策定されている。

このような省エネルギーに関する諸施策により、日本の省エネルギーは進展してきた。前掲の図8-3をみると、1980年以降では、1980年代後半のバブル経済とその後暫くの期間を除き、一次エネルギー国内供給伸び率は実質

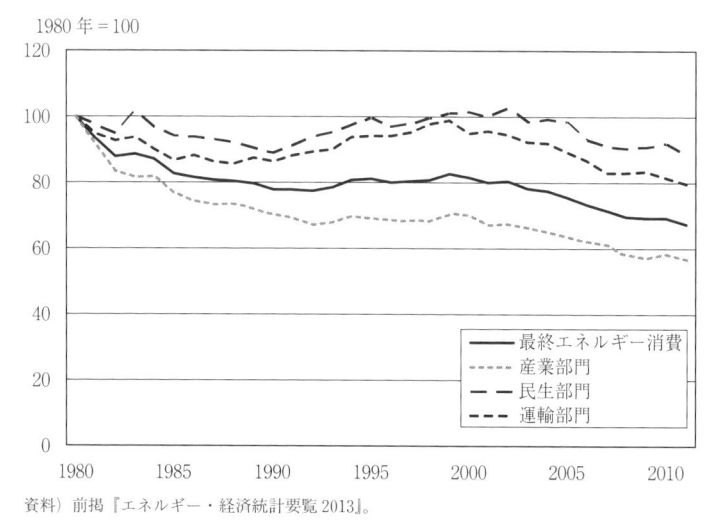

図 8-13 実質 GDP あたり部門別最終エネルギー消費

資料）前掲『エネルギー・経済統計要覧 2013』。

GDP 伸び率よりも概ね小さくなっている。実際、一次エネルギー国内供給伸び率を実質 GDP 伸び率で除した値であるエネルギー消費の GDP 弾性値を計算すると、1981～1985 年：0.37、1986～1990 年：0.79、1991～1995 年：2.05、1996～2000 年：0.82、2001～2005 年：0.42 である。また、図 8-13 に、実質 GDP あたりの各部門の最終エネルギー消費を 1980 年の値を 100 として示す。民生部門の低下は少ないものの、産業部門の低下傾向は顕著である。2000 年代後半以降はどの部門も以前より低下傾向にあることがわかる。

(2) スマートグリッド技術開発

主にエネルギー需要面に関して、現在、スマートグリッドと呼ばれる技術の開発が進行中である。スマートグリッドとは、リアルタイム電気料金、電力需要者側の需要コントロール、及び分散型電源による発電を融合させることで、電力供給コストの引き下げや電力システムの信頼性向上を図ることである (Fox-Penner, 2010)。ここで、リアルタイム電気料金とは、電気料金

を常に一定とするのではなく、1日のうちでもそのときの発電コストに応じた電気料金を設定することである。

　通常、電力需要が大きくなり電力供給量が増加するにつれて、電力会社はより発電単価（主に燃料費）の大きい発電手段を使うようになる。したがって、需要が大きくなる時間帯では発電単価が高くなるが、従来の電力メーターでは電力使用量の積算値しか計測することができず、どの時間帯にどれだけの電力を使用したかという情報を得ることはできなかった。しかし、情報通信技術の進展により、スマートメーターと呼ばれる新しい電力メーターでは、電力会社と需要家の間で情報のやりとりが可能になり、需要家がどの時間帯にどれだけの電力を使用したかのデータ収集のみならず、電力会社から需要家に対して種々の情報を送ることもできるようになってきた。

　その結果、次のようなことが可能になると考えられる。電力会社は、発電単価に基づいてリアルタイムで電気料金を設定し、その情報を需要家に伝達する。そして、電気料金情報を受け取った需要家は、使用量を調節する。例えば、電気料金に応じて運転をコントロールするようにあらかじめプログラミングされている家電機器を利用することにより、電気料金が高くなると運転を抑制することが可能になる。また、電気料金が安い時間帯に自動的に電気自動車やプラグイン・ハイブリッドカーに充電し、逆に、高い時間帯に放電して電気を使用することも考えられる。これによって、ピークカットが可能になり、発電所の新増設を回避することも可能になる。また、電力会社は需要家の電力使用状況をより詳細に把握できるようになるから、需要家に対して節電メニューや節電アドバイスなどを提供することも可能になる。このように、需要家はより省エネルギーがしやすくなるとともに、供給者も情報提供を通じて需要家に対して省エネルギーを促しやすくなる。

　前述したように、スマートグリッドは現在開発中の技術であり、世界の多くの場所で実証試験が実施されている。日本でも、2010年に次世代エネルギー・社会システム実証地域として、神奈川県横浜市、愛知県豊田市、京都府けいはんな学研都市、及び福岡県北九州市が選定され、大規模な実証試験

が実施されている。このほかにも、これをビジネスチャンスととらえてさまざまな業種が参入しつつある。

7 おわりに

　デフレからの脱却とともに経済活動が以前よりも活発になると、エネルギー需要が増加すると予想される。さらに、デフレを一因とする円高・ドル安基調が緩和されるようになると、エネルギー資源の円建て輸入価格の上昇も予想される。エネルギー自給はもとより、原子力発電問題や地球温暖化問題などを考えると、再生可能エネルギーの利用とエネルギー使用の効率化が、今後、一層重要な役割を果たすと思われる。

　これら2つのどちらにおいても、技術開発が鍵を握ることは明らかである。太陽光、風力、バイオマス、中小水力、地熱などを使った発電技術やバイオ燃料の開発、エネルギー消費効率を向上させる技術、エネルギー消費の意思決定を支援する技術、及びスマートグリッドなどである。

　しかし、このような技術開発そのものと同時に、さまざまな政策立案による制度面の整備も重要である。再生可能エネルギー利用やエネルギー使用の効率化に貢献する種々の技術開発を促進させる制度をはじめ、再生可能エネルギーの供給や利用を促す制度、省エネルギーを促進させる制度などである。

　本章でみてきたように、これまでもこのような施策は実施されてきたが、今後は、より抜本的な制度改革が必要になると思われる。情報通信や分散型電源などの新しい技術の進展により、エネルギーを取り巻く社会経済構造は大きく変貌しつつあるからである。そこでは、発電・送電・配電の新たなしくみや、それに伴う料金制度など、電気事業制度全般についての再検討が必要になる。同時に、これまで通り、エネルギーの安定供給も確保できる制度でなければならない。

　本章では電力に関連する事項を中心に述べたが、熱利用や輸送用燃料など

電力以外のエネルギー需給についても、再生可能エネルギー利用とエネルギー使用の効率化が重要な役割を果たすと考えられる。

デフレからの脱却を目指し、さまざまな施策を講じることは重要である。それと同時に、デフレ脱却により生じる可能性があるエネルギー問題への対応も不可欠なのである。

参考文献
(英文文献)
Fox-Penner, Peter (2010) *Smart Power: Climate Change, the Smart Grid, and the Future of Electric Utilities*. Island Press.
IPCC Working Group 1 (2013) "Working Group 1 Contribution to the IPCC Fifth Assessment Report: Climate Change 2013: The Physical Science Basis Summary for Policymakers."IPCC. http://www.climatechange2013.org/images/report/WG1AR5_SPM_FINAL.pdf

(和文文献)
岩田規久男 (2011)『デフレと超円高』講談社現代新書。
資源エネルギー庁新エネルギー対策課 (2013)「太陽光発電システム等の普及動向に関する調査」経済産業省。
総合資源エネルギー調査会基本問題委員会 (2011)「新しい『エネルギー基本計画』策定に向けた論点整理」経済産業省。
低炭素社会戦略センター (2012)「低炭素社会づくりのための総合戦略とシナリオ」独立行政法人科学技術振興機構低炭素社会戦略センター。
財団法人日本エネルギー経済研究所計量分析ユニット (2011)『図解エネルギー・経済データの読み方入門』省エネルギーセンター。
吉川洋 (2013)『デフレーション』日本経済新聞社。

あとがき

　本書は高崎経済大学産業研究所のプロジェクト「デフレーション現象への多角的接近」の研究成果に基づく報告書第１弾である。当研究所は公開講演会、紀要『産業研究』の刊行、受託研究など幅広い活動を展開してきた。また、毎年度１つのプロジェクト研究を立ち上げ、４年間の研究成果を公表し、広く世に問うている。プロジェクト・チームは本学の専任教員である研究所員を主体として構成されつつ、外部の専門家、研究者の参加を得る場合もある。本研究プロジェクトはそのなかの１つで、2011 年度に立ち上げ、本年度が３年度目となる。近年は研究プロジェクト募集への応募が容易に得られない状況となっており、2010 年度開始プロジェクトへの応募が無く、2013 年度の報告書出版予定が空欄となることが 2012 年度初めに確定した。そのため本プロジェクトの報告書出版予定は 2014 年度末だったのだが、プロジェクト・メンバーのうち一部の先生にご協力をいただき、第１弾として１年早く報告書を出すこととなった。2014 年度末には第２弾を予定している。

　本プロジェクト立ち上げの経緯について、もう少し述べておきたい。前述のように 2011 年度開始プロジェクトも応募が無いまま年度も後半に入ってしまい、西野寿章教授に相談したところ、デフレでやってみたら、という提案を得た。本学は経済学を専攻する教員を多数擁しているので学内の人的資源を活用できるし、デフレーションのような現象は社会全体に影響を及ぼしているので、その他の多種多様な研究分野からの視点が、この複雑な現象を理解する上で有利に働く公算が高いと思われた。総勢で 21 名の陣容をかき集め、本プロジェクトは開始された。また 2012 年度には本学の研究奨励費の配分を受け、研究を推進するとともに、福井県立大学の服部茂幸教授を招いて研究会を実施することもできた。同教授は、主流派経済学とは異なる立場から積極的に発表をされている論客の一人である。

　私が本学の就職委員をつとめていた頃に企業訪問をする機会があった。そ

の際に応対していただいた企業の方に、大学に求めることは何かと質問をした。半数以上の企業の方から学生に多面的な見方ができるように教育して欲しいという回答があった。主流派と非主流派、多数意見と少数意見、表と裏、支配と被支配等々。物事の両面を知ることにより、より正確な理解へと近づける。ディベートではその人の立場と無関係に、賛成派と反対派にわかれて議論するという枠組みになっている。

　強大なマネーの力やグローバル化の流れの中で、我々は影響を避けられないが何とか生き延びねばならない。アメリカ発の競争戦略論が教える重要な主張の１つは、競争の激しい市場の中で生き延びるためには競争を避けろ、である。強力なリーダーと同じことをしてまともに戦っても勝ち目は無いのだから、違うことをしなければならない。セグメント化された小さな市場を守ることによって利益を得られる。リーダー企業に有利に働くその時点での市場のルールに従うのをやめ、独自のルールを作りビジネスをするべきだ。

　これまたアメリカ発の経営組織論が教えるところによると、人間や組織はその情報処理能力に限界があるため合理性の発揮に限界がある。それ故に間違った行動を継続してしまう場合が少なくない。分かりやすい主張は説得力が大きくつい納得させられてしまうが、それが正しいとは限らない。だから少数派の意見に耳を傾けることが大切だ。

　繰り返すが多面的な見方や多角的な接近が求められている。多様な立場からの研究が求められている。世の中の課題に正解は無い。小さく弱い我々は、歴史を学び、メディア・リテラシーを高め、多様な本を読み、様々な事例を知り、多くの人々と交流し、自分の頭で考えねばならない。そして自分の責任で取り組みをしつつ、生き延びるすべを探すしか無いのだろう。

　高崎経済大学産業研究所の職員の方々には、事務作業の全てを担っていただいている。もちろん事務作業の多くを職員が担当するのは、分業論の立場から望ましいだけでなくリスク管理の面からも不可欠である。とはいえ今回は当然遂行すべき以上の負担をかけることになり感謝の念に堪えない。出版を引き受けていただいた日本経済評論社および担当編集者氏そして印刷・製

本業者の皆様には、年度末の忙しい時期にさらに拍車をかける事態となった中、快く業務を遂行していただいたことに深謝したい。ビッグ・データ時代の到来を踏まえ、個々人のお名前をここに挙げるのは控えるが、お世話になった記憶はこれからも消えないだろう。

　2014年2月

　　　　　　　　　　　　　　研究プロジェクトを代表して　藤　本　哲

執筆者紹介 (執筆順)

藤井孝宗(ふじい　たかむね)
1973 年神奈川県生まれ。
現在、高崎経済大学経済学部准教授。
専攻は国際経済学。
主な著作に "Globalizaing Activities and the Rate of Survival: Panel Data Analysis on Japanese Firm"（共著：Journal of Japanese International Economies, 2003）、「中京地区の国内外輸送は効率的か？――中京地区における国境効果計測」（共著：『交通学研究』第 49 号、2006 年）、「海洋資源保護と漁業貿易――漁獲規制と貿易制限」（単著：『高崎経済大学論集』第 54 巻第 3 号、2012 年）

矢野修一(やの　しゅういち)
1960 年愛知県生まれ。
現在、高崎経済大学経済学部教授。
専攻は世界経済論、開発経済論、経済思想。
主な著作に『可能性の政治経済学』（法政大学出版局、2004 年）、『現代経済学』（共著、岩波書店、2008 年）、翻訳：A.O.ハーシュマン『離脱・発言・忠誠』（ミネルヴァ書房、2005 年）ほか。

國分功一郎(こくぶん　こういちろう)
1974年千葉県生まれ。現在、高崎経済大学経済学部准教授
専攻は哲学。
主な著作『スピノザの方法』（みすず書房、2011 年）、『暇と退屈の倫理学』（朝日出版社、2011 年）、『ドゥルーズの哲学原理』（岩波書店、2013 年）、『来るべき民主主義――小平市都道 328 号線と近代政治哲学の諸問題』（幻冬舎新書、2013 年）、『哲学の先生と人生の話をしよう』（朝日新聞出版、2013 年）。
共著に『哲学の自然』（太田出版、2013 年）、『社会の抜け道』（小学館、2013 年）。

加藤健太(かとう　けんた)
1971 年神奈川県生まれ。
現在、高崎経済大学経済学部准教授。
専攻は日本経営史。
主な著作に「日魯漁業向け融資をめぐる交渉――利害関係者間の対立と妥協」（『三菱史料館論集』第 14 号、2013 年）、「太平洋戦争と山陽パルプ工業の株主総会――株主は影響力を失ったか」（『年報　日本現代史』第 16 号、2011 年）、「日本航空輸送の設立過程――黎明期の航空産業」（『渋沢研究』第 21 号、2009 年）。

西野寿章(にしの　としあき)
1957 年京都府生まれ。現在、高崎経済大学地域政策学部教授。
専攻は経済地理学。
主な著作に『山村における事業展開と共有林の機能』（原書房、2013 年）、『現代山村地域振興論』（原書房、2008 年）、『山村地域開発論』（大明堂、1998 年）。

大島登志彦(おおしま　としひこ)
1954 年群馬県生まれ。
現在、高崎経済大学経済学部教授。
専攻は交通地理学、産業考古学、歴史地理学、交通史。
主な著作に『群馬・路線バスの歴史と諸問題の研究』（単著、2009 年、上毛新聞社）、『群馬県における路線バスの変遷と地域社会』（単著、2002 年、上毛新聞社）、高崎経済大学地域政策研究センター編『群馬の再発見』（共著、2012 年、上毛新聞社）、高崎経済大学附属産業研究所編『群馬・産業遺産の諸相』（共著、2009 年、日本経済評論社）。

藤本哲（ふじもと　てつ）
1969年兵庫県生まれ。
現在、高崎経済大学経済学部経営学科教授。
専攻は経営組織論。
主な著作に「組織構造と自己効力感——医療サービス従事者の事例」（『産業研究』（高崎経済大学産業研究所）47巻2号、2012年）、「大学生部活動集団における社会ネットワーク中心性と組織構造集権化」（『産業研究』（高崎経済大学産業研究所）47巻1号、2011年）、「組織構造の公式化次元と組織成員の技能との代替関係に関する一考察」（『高崎経済大学論集』50巻3・4号、2008年）。

山本芳弘（やまもと　よしひろ）
1964年愛媛県生まれ。
現在、高崎経済大学経済学部准教授。
専攻は環境経済学。
主な著作に "Decision-making of households on adopting photovoltaic systems," in *Proceedings of the World Renewable Energy Congress*, 2013., "Pricing electricity from residential photovoltaic systems," *Solar Energy*, 2012.

デフレーション現象への多角的接近

2014年3月25日　第1刷発行	定価（本体3200円＋税）

編　者　　高崎経済大学産業研究所

発行者　　栗原哲也

発行所　　株式会社　日本経済評論社
〒101-0051　東京都千代田区神田神保町3-2
電話　03-3230-1661　FAX　03-3265-2993
E-mail: info8188@nikkeihyo.co.jp
URL: http://www.nikkeihyo.co.jp/
印刷・製本：太平印刷社

装幀＊渡辺美知子

乱丁・落丁本はお取替いたします。Printed in Japan　ISBN978-4-8188-2325-9
Ⓒ高崎経済大学産業研究所
・本書の複製権・譲渡権・公衆送信権（送信可能化権を含む）は㈱日本経済評論社が保有します。
・JCOPY　〈(社)出版者著作権管理機構　委託出版物〉
本書の無断複写は、著作権法上での例外を除き禁じられています。複写される場合はそのつど事前に(社)出版者著作権管理機構（電話 03-3513-6969、FAX 03-3513-6979、e-mail: info@jcopy.or.jp）の許諾を得て下さい。

高崎経済大学産業研究所叢書

群馬・地域文化の諸相 ―その濫觴と興隆―	本体3200円
利根川上流地域の開発と産業―その変遷と課題―（品切）	本体3200円
近代群馬の思想群像Ⅱ（品切）	本体3000円
高度成長時代と群馬（品切）	本体3000円
ベンチャー型社会の到来 ―起業家精神と創業環境―	本体3500円
車王国群馬の公共交通とまちづくり	本体3200円
「現代アジア」のダイナミズムと日本―社会文化と研究開発―	本体3500円
近代群馬の蚕糸業（品切）	本体3500円
新経営・経済時代への多元的適応	本体3500円
地方の時代の都市・山間再生の方途（品切）	本体3200円
開発の断面 ―地域・産業・環境―（品切）	本体3200円
群馬にみる人・自然・思想―生成と共生の世界―（品切）	本体3200円
「首都圏問題」の位相と北関東	本体3200円
変革の企業経営 ―人間視点からの戦略―	本体3200円
IPネットワーク社会と都市型産業	本体3500円
都市型産業と地域零細サービス業（品切）	本体2500円
大学と地域貢献―地方公立大学付設研究所の挑戦―（品切）	本体2000円
近代群馬の民衆思想 ―経世済民の系譜―	本体3200円
循環共生社会と地域づくり	本体3400円
事業創造論の構築	本体3400円
新地場産業と産業環境の現在	本体3500円
サステイナブル社会とアメニティ	本体3500円
群馬・産業遺産の諸相	本体3800円
地方公立大学の未来	本体3500円
ソーシャル・キャピタル論の探究（品切）	本体3500円
新高崎市の諸相と地域的課題	本体3500円
高大連携と能力形成	本体3500円

表示価格は2014年3月現在の本体価格（税別）です。